Le médecin,
la liberté et la mort

Du même auteur

Essais

Pitié pour les hommes, Stock, 2009.

Tempête sur l'hôpital, Le Seuil, 2002.

La France de l'audace, Le Seuil, 1999.

La Vie devant nous, Le Seuil, 1995.

Mauvaise graine de mandarin, Le Centurion, 1988.

Vivement le doute, Les Lettres libres, 1986.

Romans

Entends venir l'orage, Glyphe, 2019.

Correspondance Châtelet, Glyphe, 2017.

À Hambourg, peut-être..., Dialogues, 2014.

Noirs en blanc, Dialogues, 2012. Prix Armorice 2013.

Rouge Majeur, Panama, 2008 ; Dialogues, 2011 ; Synchronique éditions (poche), 2020. Prix des Lecteurs de Brive 2009.

Ton silence est un baiser, Julliard, 2007.

Tante Gina, Julliard, 2006.

Parfum d'ébène, Julliard, 2004. Prix du Lions Club International Paris 2005.

Cruelles retrouvailles, Julliard, 2002. Prix du roman du Doubs 2002 ; prix Littré 2003 ; prix du Télégramme de Brest, mention spéciale du jury 2003.

Récits

Dans les pas du fils, en collaboration avec Tom et Renaud François, Kéro, 2016 ; Pocket, 2017. Prix Litt'et Nature 2018. Adaptation en bande dessinée par Clémentine Fourcade, Calmann-Lévy, 2021.

Adoptée, en collaboration avec Thérèse Lemoine, Synchronique éditions, 2020.

Nouvelles

Nouvelles sur ordonnance, Dialogues, 2012.

Le médecin qui rêvait d'être magicien, Le Seuil, 1997. Prix du centenaire de l'hôpital de Brive 2003.

Denis Labayle

Le médecin, la liberté et la mort

Pour le droit de choisir sa fin de vie

PLON
www.plon.fr

92, avenue de France
75013 Paris
Tél. : 01 44 16 09 00
Fax : 01 44 16 09 01
www.plon.fr
www.lisez.com

Dépôt légal : février 2022
ISBN : 978-2-259-31051-2
Mise en pages : Nord Compo

« Les croyants m'inquiètent,
les douteurs me rassurent. »

Boris Cyrulnik,
Je me souviens

« Avant d'être vieux, j'ai pris soin de bien vivre.
Devenu vieux, je tâche de bien mourir. »

Sénèque, *Lettre à Lucilius*, LXI,
« Apprendre à vivre »

Première partie

Vers une nouvelle liberté

1

Le médecin, la liberté et la loi

Souvent je me suis posé cette question : « Pourquoi me suis-je investi dans ce combat quand l'extrême majorité de mes collègues garde sur ce sujet une distance pudique ? Pourquoi ai-je accepté de prendre des risques pour que les autres puissent profiter de leur dernière liberté ? »

On entre souvent en résistance sans l'avoir vraiment choisi. Les événements nous poussent là où ils ont décidé de nous pousser. Au départ, il faut parfois un choc, une confrontation avec l'injustice, l'évidence d'un mensonge pour se réveiller. La prise de conscience se fait ensuite peu à peu, d'un engagement à l'autre.

Tout a commencé au mois de juillet 1997. Je coulais de paisibles vacances dans une maison isolée que je louais au cœur des Cévennes. Une maison sans eau, sans électricité, loin des hommes et de leurs soucis. Surtout, loin de la maladie et de la souffrance que je côtoyais au quotidien.

Un matin, en lisant le journal[1], je découvre une page entière sur l'arrestation d'une infirmière, Christine Malèvre. Celle-ci est accusée dans d'autres quotidiens[2] d'être une meurtrière en série pour avoir aidé « plusieurs dizaines de personnes à mourir ». Cette annonce médiatique, avant même que l'enquête n'ait abouti, me semble surprenante : l'hôpital est un milieu clos où tout se sait rapidement. J'achète plusieurs quotidiens et note que le chiffre des « victimes » varie étrangement d'un article à l'autre. La description des faits paraît floue, excessive, et prend des allures de « scoop ». La jeune femme, âgée de vingt-huit ans, est infirmière de nuit dans un service accueillant des malades atteints de cancer pulmonaire. D'expérience, je connais la fin angoissante de ces patients luttant contre l'asphyxie. Le substitut de la République précise que l'infirmière n'a agi « ni pour l'argent ni par intérêt, et ne se réfère à aucune organisation ». Impressionné par l'hallali général, je décide de semer le doute, d'aller à contre-courant, de refuser de mettre au pilori cette personne confrontée à des situations qui, probablement, l'ont dépassée.

Des Cévennes, j'écris un article intitulé « Plaidoyer pour une infirmière », qui paraît dans le quotidien *Le Monde* quelques jours plus tard. Je termine mon texte en invitant la société à la prudence avant de juger cette soignante et « à manifester plus de modestie, rappelant son silence sur le sort des personnes âgées, placées

1. « L'infirmière accusée d'euthanasie sur une trentaine de malades », *Le Monde*, 26-27 juillet 1998.

2. « L'infirmière accusée d'être une tueuse en série », *Le Parisien*, 11 septembre 2000.

dans de sombres maisons de retraite et des hôpitaux de long séjour ». Je rappelle que, dans certains lieux, ces oubliés s'enfoncent dans une mort lente, imprégnée d'une odeur d'abandon, d'oubli et d'urine. Des conditions souvent inhumaines, indignes d'un pays civilisé, et qui, à l'époque, ne posaient pas à la société de cas de conscience. Je connaissais bien le sujet pour avoir publié l'année précédente, en 1995, aux éditions du Seuil, un essai intitulé *La Vie devant nous. Enquête sur les maisons de retraite.*

L'article du *Monde* sur l'affaire Christine Malèvre fut pour moi le début d'un engagement qui m'amena à jouer un rôle que je n'avais pas envisagé. L'avocat de cette infirmière, Charles Libman, me contacta comme témoin de la défense. J'acceptai, et me rendis rue de Rivoli dans un appartement cossu. L'homme m'accueillit comme un sauveur : il avait eu les plus grandes difficultés à trouver des soignants qui oseraient révéler ce qui se passait réellement dans les hôpitaux pour traiter la fin de vie des patients. Il voulait prouver que les gestes de l'infirmière, bien que légalement condamnables, n'avaient rien d'exceptionnel, ce que je confirmai. J'appris que le jugement portait non plus sur des dizaines de cas, comme l'avaient prétendu certains journalistes, mais sur quatre malades dont l'avocat me fournit les rapports médicaux officiels que je lus attentivement. Il s'agissait de quatre personnes âgées, toutes atteintes d'un cancer arrivé au stade terminal, que l'infirmière avait indiscutablement aidées à mourir. Un geste de compassion, mais réalisé dans la solitude d'une conscience. La faute méritait un rappel à l'ordre, un blâme peut-être, surtout une explication avec la cadre supérieure pour proposer à cette jeune collaboratrice un poste moins angoissant dans un autre service, mais certainement pas un jugement aux assises. Nous fûmes deux médecins à témoigner en sa faveur.

Je garde des deux procès un souvenir pénible. L'un s'est déroulé à Versailles, l'autre au palais de justice de Paris. Chaque fois, je suis resté près d'une heure à la barre.

Dans un premier temps, j'exposai mon expérience dans un silence lourd et angoissant. Je rappelai l'enseignement de mes maîtres qui, dès le début de l'internat, m'avaient appris ce qu'il fallait faire pour aider à mourir humainement les malades en fin de vie : mettre en route une perfusion contenant un mélange de morphiniques et de tranquillisants (Largactil, Dolosal, Phénergan) à forte dose, une association médicamenteuse alors appelée « cocktail lytique ». Les mêmes drogues qu'avait employées Christine Malèvre. Rien, bien sûr, n'était écrit dans les livres. L'enseignement se faisait par transmission orale. Une sorte de compagnonnage pour traiter l'agonie. Les prescriptions restaient clandestines, inscrites sur une feuille à part jetée après le décès du patient. Cela ne choquait personne, pas plus l'équipe soignante que les familles qui nous suppliaient souvent dans l'isolement d'un bureau, à l'abri des oreilles indiscrètes, de permettre à leur parent malade de s'endormir et de partir dans les meilleures conditions. En revanche – et là était l'erreur majeure –, le malade, le premier concerné, restait le plus souvent exclu de la décision.

Quoi qu'il en soit, l'administration du « cocktail lytique » ne posait à l'époque aucun problème métaphysique, et la mort survenait très rapidement sous cette sédation intense, profonde et continue. Je n'ai pas le souvenir de réticences ou de remises en question de cette pratique généralisée, que le chef de service soit catholique, protestant, juif, musulman ou athée. Pendant les sept années où j'ai exercé les fonctions de chef de clinique à l'hôpital Antoine-Béclère à Clamart, dans un service de gastro-entérologie dirigé par le Pr Jean-Pierre Étienne – qui ne cachait pas son appartenance au catholicisme –, tous les médecins du service adoptaient la même attitude.

Ce compagnonnage hospitalier tranchait sur l'absence totale d'enseignement universitaire sur ce sujet. La formation des futurs médecins ne prévoyait aucun temps de réflexion sur la souffrance, la fin de vie, la mort, tout ce qui allait être pour nombre d'entre nous une confrontation quotidienne. Nous devions nous débrouiller avec l'imprévu, avec des principes mal pensés, à l'image de la société qui n'a jamais voulu aborder le sujet de la mort avec sagesse et sérénité, sans influence partisane ou religieuse. Et c'est encore le cas de nos jours.

J'exposai ainsi au juge et à la partie civile la vérité sur les habitudes de la médecine hospitalière. Après avoir terminé mon exposé dans un silence glacial, sous les regards fixes et accusateurs du monde juridique, je dus répondre à un flot continu de questions plus incisives les unes que les autres sur ma propre pratique, certaines venant du procureur, d'autres des avocats de la partie civile. La pression fut telle que je crus un moment que je ne quitterais pas la salle d'audience sans être, à mon tour, accusé d'« empoisonnement ».

J'avoue avoir fléchi une fois quand le procureur me pointa d'un doigt inquisiteur : « Alors, docteur, et le potassium intraveineux, vous l'utilisez souvent ? » J'aurais dû lui dire la vérité, que la montée du potassium dans le sang faisait partie des méthodes enseignées car il favorisait l'arrêt cardiaque, mais le ton fut tel que je me contentai d'un hypocrite : « Ce n'est pas dans mes habitudes. » Faiblesse d'un moment, lâcheté aussi, mais j'en avais déjà tant dit sur la réalité que je ne crus pas nécessaire d'en rajouter.

Avant de quitter la barre, j'ai regardé la coupable : une jeune femme qui baissait les yeux et paraissait égarée dans le box des accusés. Christine Malèvre fut condamnée à dix ans de prison en première instance, à douze ans en appel. On lui reprocha d'avoir entretemps publié un livre considéré comme une apologie de l'euthanasie. Elle le paya cher.

Ce procès m'a laissé un goût amer. Jamais je n'ai senti si vraie la morale de la fable de La Fontaine « Les Animaux malades de la peste » : « Selon que vous serez puissant ou misérable, les jugements de cour vous rendront blanc ou noir. »

J'appris que, lors de son arrivée en prison, l'infirmière avait été huée par les autres détenues, comme la pire des criminelles. Pire que les voleuses, les dealeuses, les marâtres, les tortionnaires... À quelque temps de là, je découvris aussi qu'au cours du jugement on avait passé sous silence son travail dans un dispensaire en Afrique, géré par des religieuses. La sœur avec laquelle elle avait collaboré souhaitait témoigner en sa faveur, mais la mère supérieure le lui avait interdit. Enfin, des années plus tard, dans l'émission « Faites entrer l'accusé[1] » portant sur cette affaire, j'ai écouté avec effarement le témoignage de ses collègues de travail de l'époque qui reconnaissaient en riant qu'elles savaient parfaitement que Christine aidait les malades à mourir et qu'elles en plaisantaient entre elles : « Ce soir, Christine est de garde, encore une qui va y passer. » Aucune n'avait eu l'idée d'alerter discrètement le cadre soignant qui aurait pu inciter leur jeune collègue à changer d'affectation pour prendre un poste moins exposé. Elles l'avaient laissée faire avant de l'enfoncer. Dans cette émission, mon témoignage en faveur de l'accusée ne fut pas retenu au montage par le producteur.

Cette « affaire Malèvre » fut le point de départ de mon engagement pour que cesse l'hypocrisie de la société concernant la question de la fin de vie.

Dans le service de gastro-entérologie du Centre hospitalier d'Évry dont j'étais le responsable depuis 1982, j'eus la chance de partager avec mon collaborateur et ami, Daniel Fischer, une même philosophie sur ce sujet. Pendant vingt-cinq ans, nous avons travaillé en parfaite harmonie avec la complicité de l'équipe soignante. Chaque semaine, le vendredi à 13 heures, médecins, assistante sociale, équipe de jour comme de nuit, nous nous réunissions pour analyser les problèmes posés par les malades, cas par cas, tant sur le plan médical que

1. Christine Malèvre, « La mort au bout de l'aiguille », « Faites entrer l'accusé », France 2, 31 juillet 2003.

psychologique et social. J'en profitais pour enseigner des éléments de pathologie aux soignantes. En échange, elles m'apportaient des renseignements essentiels sur l'efficacité ou non des soins prescrits. Les équipes de nuit nous faisaient découvrir une face cachée de l'angoisse des malades. Pendant cette heure d'échange, nous partagions le meilleur de la médecine, et souvent je rectifiais la posologie d'un traitement sur l'avis de l'équipe.

En ce qui concernait la fin de vie, j'étais convaincu que c'était au malade et à lui seul de décider de son sort, mais l'échange d'informations entre soignants nous permettait d'affiner son désir parfois encore indécis, le malade se confiant plus volontiers à l'une ou à l'autre. Dès que nous étions assurés de son souhait, qu'il nous l'avait clairement exprimé, nous répondions à sa demande sous quelque forme que ce soit. Si c'était son désir profond de partir sans attendre, et que la famille donnait son accord, nous augmentions très rapidement les doses jusqu'à obtenir un effet létal. Et ce, sans arrière-pensée. Contrairement à ce que certains détracteurs prétendent, je n'ai jamais éprouvé le moindre sentiment de puissance ou de domination en agissant de la sorte. Mais au contraire une émotion forte, lourde, un sentiment d'humilité et de respect pour ce qui est finalement la destinée humaine. De même, je n'ai jamais ressenti la moindre culpabilité, ayant la certitude d'exercer mon métier de médecin, fidèle à mon éthique d'être au service de ceux qui souffrent. Ni plus ni moins.

*

Après l'affaire Malèvre, la société se questionna soudain sur la pratique des soignants face à la fin de vie. Le pouvoir politique se tourna vers le Comité national d'éthique. Un comité fort discret qui, jusqu'alors, n'avait pas fait beaucoup parler de lui. En 1999, il était présidé par le Pr Sicard, un médecin que j'avais eu comme conférencier d'internat. Son rapport final, rendu le 27 juin 2000, rappela tout d'abord le rôle du médecin comme défenseur de la vie coûte que coûte : « La mort donnée reste, quelles que soient les circonstances et les justifications, affirmait-il, une transgression de ce qui doit être considéré comme intransgressable. » Minimisant la pratique généralisée des « cocktails lytiques », lesdits sages du Comité reconnurent tout de même qu'il y avait un problème : « Il n'est jamais sain pour une société de vivre un décalage trop important entre les règles affirmées et la réalité vécue. » Le rapport suggéra alors la possibilité d'une exception d'euthanasie : « Une dépénalisation de l'assistance à mourir devrait protéger suffisamment la liberté de chacun et éviter l'actuelle clandestinité et son cortège de déviances[1]. »

À peine lâché, le mot d'« euthanasie » fut en première page de la presse. Pour la première fois, la question sortait de la clandestinité. Les médias présentèrent cette proposition comme une ouverture audacieuse vers l'« Aide active à mourir » (AAM).

---

1. Comité consultatif national d'éthique : « Avis sur la fin de vie, arrêt de vie, euthanasie », n° 63, 27 janvier 2000.

Dès lors, chaque appel au secours d'un malade réclamant cette exception d'euthanasie auprès des différents présidents de la République ouvrit de nouveau le débat sur la fin de vie. Et comme peu de médecins se prononçaient en faveur du droit du malade à bénéficier de cette ultime liberté, je fus régulièrement sollicité pour défendre une position qui n'avait pas les faveurs de la morale ambiante. Je découvris combien, en détournant une célèbre réplique, le *Tartuffe* de Molière était d'actualité : « Cachez ces drogues que je ne saurais voir. »

Dans les nombreux débats où je fus invité, je me retrouvais souvent face aux mêmes contradicteurs : des professeurs universitaires, des membres de comités d'éthique, des juristes, des plus ou moins philosophes et des dirigeants de la Société française d'accompagnement et de soins palliatifs (SFAP). Il n'était pas facile d'affirmer son humanisme face à des opposants souvent très imprégnés de croyances religieuses, qui s'estimaient être du bon côté puisqu'ils avaient la loi pour eux. Pas facile de défendre l'Aide médicale à mourir[1] dont le cadre juridique se trouve relégué au chapitre des empoisonnements, des meurtres – le mot « euthanasie » étant absent du code pénal français.

Les dix années suivantes, les « affaires » se succédèrent, révélant la multiplicité des situations et la complexité du problème. La justice continua de juger froidement, les

1. Aide médicale à mourir : aide apportée par un médecin à la demande exclusive d'un malade atteint d'une affection grave et incurable pour mettre fin à ses jours, avec l'objectif de réduire ses souffrances. La Hollande et la Belgique furent les premiers pays à légaliser ce droit.

politiques de louvoyer, les médecins de se taire. Seule l'opinion publique, grâce aux « affaires » relayées par les médias, prit peu à peu conscience de la nécessité de changer la loi, car ces histoires tragiques n'étaient pas de simples faits divers : elles parlaient de la fin de vie qui, un jour ou l'autre, allait nous concerner. Tous, sans exception.

Le débat reprit avec l'affaire Humbert et la mise en accusation le 15 janvier 2004 du Dr Chaussoy, réanimateur, qui eut le courage de répondre à la demande d'un homme quadriplégique qui suppliait qu'on l'aide à mourir. Désespéré, celui-ci avait écrit une lettre poignante au président de la République de l'époque, Jacques Chirac. La réponse négative avait été rendue publique. Je signai la pétition en faveur de ce médecin, et lui signifiai mon admiration d'avoir eu le courage et l'humanité nécessaires en de telles circonstances. Sa mise en accusation suscita un tel émoi dans la population qu'il fut acquitté avant même d'avoir été jugé, comme pour éviter au monde juridique de confronter l'évidence d'un geste humaniste à une loi rigide, dépourvue de toute empathie.

À peine l'affaire Humbert juridiquement contrôlée, surgit en 2006 l'affaire Pierra, premier témoignage remettant en cause les principes de la loi Leonetti. Cette famille dénonça l'agonie inhumaine et prolongée de leur enfant, un jeune homme de 28 ans, plongé dans un coma végétatif depuis huit ans, à qui on avait supprimé l'alimentation et l'hydratation selon les principes de cette nouvelle loi.

Deux ans plus tard, apparut sur les écrans de télévision le visage tuméfié de Chantal Sébire, atteinte d'un cancer de la face. Elle aussi s'adressa au président de la République pour bénéficier de l'exception d'euthanasie, elle aussi se vit éconduite. Elle se passera de son avis et mettra fin à ses jours.

À chaque nouvelle affaire, les médias me sollicitèrent comme défenseur du droit du citoyen à bénéficier d'une Aide médicale à mourir. Nous étions peu de médecins à défendre publiquement cette liberté. Un autre praticien, Bernard Senet, fut lui aussi fréquemment invité à la radio et à la télévision. Je le connaissais bien pour l'avoir interviewé pour mon livre, *Tempête sur l'hôpital*[1]. Bernard est pour moi un idéal de médecin généraliste, disponible, proche de ses malades, et engagé localement dans les changements de société. Depuis de nombreuses années, il milite pour le droit de choisir sa mort et n'a jamais caché avoir apporté ses conseils et son aide aux malades incurables qui le sollicitaient pour bénéficier d'une fin de vie humaine. Il a été mis en examen en 2021 pour complicité d'importation de Pentobarbital, un produit utilisé en Belgique pour l'Aide médicale à mourir.

En 2007 surgit un nouveau scandale : une jeune généraliste, Florence Tramois, et une infirmière libérale, Chantal Chanel, sont accusées d'« empoisonnement » pour avoir permis à un malade cancéreux arrivé au

1. Le Seuil, 2002.

stade terminal de sa maladie de quitter la vie sans souffrance. Un geste effectué à la demande du patient. Malgré l'absence de plainte de la famille, une dénonciation administrative mène les deux jeunes femmes aux assises comme de vulgaires criminelles. Cette fois, j'estime que trop c'est trop, qu'il faut crier la vérité.

Une fois encore, c'est dans ma maison des Cévennes que je prends conscience de l'urgence de rédiger un texte en forme de pétition à faire signer par les médecins qui auront le courage de dire tout haut ce qui se passe clandestinement au sein des hôpitaux français : affirmer que nous sommes nombreux « à avoir aidé des malades en grande souffrance à mourir », à l'instar du Dr Tramois.

Une fois le texte rédigé, par où commencer ? En 2006, il n'y avait aucun moyen de lancer aisément une pétition. Internet était trop jeune, les sites de mise en ligne de pétitions n'existaient pas. Il fallait tout faire à la main. Je me trouvais isolé face à une montagne technique. Par chance, j'avais une piste : depuis de nombreuses années, je tenais une rubrique dans une petite revue rédigée exclusivement par des soignants, des médecins et des infirmières. Cette revue avait pignon sur rue, et le sérieux des dossiers qu'elle abordait était reconnu en haut lieu, mais le nombre de ses abonnés n'excédait pas le millier. *Pratiques. Les cahiers de la médecine utopique* était à l'époque dirigée par Patrice Muller, un excellent médecin généraliste, un ami de trente ans qui mourut quelques années plus tard d'une tumeur. Il fut tout de suite partant, et le Manifeste parut dans le numéro de septembre 2006, avec les signatures de quelques dizaines de médecins. J'estimais qu'avec 300 signataires on pourrait envisager une publication dans la presse nationale. Pourquoi 300 ? Parce que ce chiffre pouvait faire écho à celui du « Manifeste des 343 salopes » qui avaient affirmé s'être fait faire un avortement, et dont l'action fut déterminante pour décider les responsables politiques à légiférer sur l'interruption volontaire de grossesse. Un autre combat, gagné celui-ci.

Un membre du comité de rédaction de *Pratiques*, par ailleurs adhérent de l'Association pour le droit de mourir dans la dignité (ADMD), me proposa de diffuser le texte auprès des adhérents pour qu'ils le soumettent à leur médecin traitant. J'acceptai.

Et là, surprise ! Les soutiens affluèrent. Je reçus par la Poste, à l'hôpital, des centaines de feuilles sur lesquelles étaient inscrits des noms, des adresses et des signatures. « Oui, nous avons aidé des malades à mourir... » C'était artisanal, mais le résultat était là : le courrier venait de la France entière. Avec la secrétaire du service, Michèle M., je passai des heures à classer les noms par ordre alphabétique et par région. Fin décembre 2006, c'est-à-dire quatre mois plus tard, je mettais fin à la collecte : je disposais de plus de 2 000 signatures. Le chiffre dépassait largement mes prévisions les plus optimistes ! Toutes ne provenaient pas de médecins, 46 % émanaient d'infirmières ou d'aides-soignantes. Un seul constat : toutes ces personnes affirmaient avoir aidé des malades à mourir.

Pour peser sur le verdict du procès de Florence Tramois et de Chantal Chanel, prévu pour mars 2007, j'envisageai la publication du Manifeste dans la presse juste avant cette date. Toujours en référence au « Manifeste des

343 salopes », je me rendis avec ma pile de signatures au siège du *Nouvel Observateur*, l'hebdomadaire qui, en son temps, les avait soutenues. Je fus reçu assez fraîchement : la rédaction regrettait l'absence de sommités médicales sur la liste ; le thème ne leur semblait pas porteur ; elle craignait des réactions négatives de leurs abonnés. Et qui donc était ce médecin inconnu qui gérait cette pétition ? Un petit chef de service dans un hôpital de la banlieue parisienne. Après discussion, la rédaction accepta la publication mais refusa d'en faire sa couverture. L'événement n'en valait pas la peine ! Quand je me permis de rappeler à l'un des rédacteurs le rôle joué par l'hebdomadaire dans le combat en faveur de l'IVG, il me répondit que les temps avaient changé. L'événement ne fit donc pas la une, mais la journaliste en charge du dossier écrivit un texte poignant de vérité.

Déçu par ce manque d'enthousiasme, j'envisageai une publication simultanée dans un grand quotidien : pourquoi pas celui de la région où devait se dérouler le procès du médecin et de l'infirmière ? À *Sud-Ouest*, je reçus un accueil plus que chaleureux. Non seulement en raison du scoop, puisqu'il s'agissait d'une première nationale, et même internationale, mais aussi comme soutien à la cause. La rédaction décida d'en faire, elle, sa une. Le Manifeste parut donc le même jour dans un hebdomadaire national et en première page d'un grand quotidien du Sud.

L'effet médiatique fut immédiat. Le téléphone sonna pendant dix heures sans interruption. Journaux, radios, télévisions... chacun voulait en savoir plus sur le promoteur de la pétition. Avec deux autres médecins de

Pratiques, nous avons tenté de répondre à la demande. Mais l'opposition s'organisa rapidement. Des confrères se plaignirent, à leurs sections régionales du Conseil de l'Ordre des médecins, que je trahissais le serment d'Hippocrate. Dans certaines villes, les conseils locaux convoquèrent immédiatement les signataires. Des journalistes bien intentionnés cherchèrent à savoir s'ils avaient vraiment soutenu le Manifeste, car quelques médecins paniqués par la réaction médiatique et les risques juridiques prétendirent avoir été abusés. Hélas pour eux, je pus chaque fois retrouver leur griffe au bas du texte. Au total, une dizaine de défections sur plus de 2 000 : c'était peu. En échange, je reçus plus d'une centaine de signatures supplémentaires de praticiens. Cette fois, le procès tourna court : l'infirmière bénéficia d'un non-lieu, et le médecin fut condamné à une peine de prison avec sursis. Il fut même prévu que la peine ne serait pas inscrite sur son casier judiciaire. Autrement dit, une peine symbolique pour un procès aux assises qui n'aurait jamais dû avoir lieu.

Pour autant, mes opposants ne désarmèrent pas. Je reçus une convocation pour me présenter devant le Conseil national de l'Ordre des médecins. Une convocation au plus haut niveau, signée par le président dudit Conseil.

Par une belle journée de printemps, je me rendis donc au 4, rue Léon-Jost dans le 17e arrondissement. Assez inquiet tout de même, je l'avoue, car en 1976 j'avais rédigé et fait voter lors d'une assemblée nationale des chefs de clinique, une motion réclamant la dissolution du Conseil de l'Ordre des médecins dont nous contestions déjà à l'époque le pouvoir excessif et les prises de position conservatrices. Ma motion était parue le lendemain dans la presse. Aussi, je le savais pertinemment, cette convocation trente ans plus tard pouvait mettre un terme à ma carrière professionnelle, le Conseil de l'Ordre des médecins jouissant d'une totale indépendance juridique. D'autres m'avaient précédé dans la destitution. J'attendis un moment dans le hall luxueux, dont j'avais certainement payé une partie du mobilier avec mes trente-cinq années de cotisation obligatoire. On me fit monter dans le bureau du président où m'attendaient mes trois juges. Je fus en partie rassuré lorsque je découvris dans le trio l'un de mes anciens internes ; je l'avais formé quand j'étais chef de clinique à l'hôpital Antoine-Béclère à Clamart, en région parisienne. Je crois qu'il avait apprécié mon enseignement et m'estimait pour mes engagements, même si nous avions des orientations politiques diamétralement opposées.

L'interrogatoire dura près de trois heures et, je dois le reconnaître, l'échange fut franc et honnête. Je tentai chaque fois que possible de sortir du général pour revenir au personnel : « Et vous, monsieur le président, le jour où vous serez en fin de vie, que souhaiterez-vous ? Vous soumettre aux décisions d'un médecin inconnu dont vous ignorez tout des idées, ou décider vous-même de votre sort ? » À la fin de la journée, il reconnut que la loi Leonetti, qui avait été votée deux ans auparavant, ne répondait pas à toutes les attentes.

« Mais, ajouta-t-il, beaucoup de vos confrères se sont plaints de votre pétition et réclament votre tête. Alors je vous demande de ne plus prendre position en public et de calmer le jeu. » Puis, sur un ton plus conciliant, il conclut : « Après tout, peut-être est-ce vous qui avez raison, mais l'opinion publique n'est pas prête, les médecins non plus. »

Sentant que mes propos les avaient ébranlés, je répondis : « Je crois que l'opinion publique est prête, les sondages sont là pour en attester. Quant aux médecins, je crois qu'une majorité d'entre eux souhaitent une nouvelle loi qui les aidera à assumer leur responsabilité sans crainte judiciaire... Ce sont les dirigeants politiques, médicaux et religieux qui s'y opposent. » Il ne releva pas, m'observa d'un air narquois : « J'ai l'impression que vous n'aimez pas beaucoup le Conseil de l'Ordre », me dit-il soudain. Par prudence, je ne répondis pas, la réponse étant évidente. Je me contentai de hausser les épaules. Il insista : « Est-ce à cause des révélations récentes dans la presse sur nos appointements jugés excessifs ? » Il faisait référence à un article paru quelques jours auparavant dans un grand quotidien national[1], dénonçant en première page les importantes indemnités que se versaient chaque mois les membres du bureau du Conseil national de l'Ordre des médecins. Je me contentai de sourire pour ne pas acquiescer puis, enhardi par sa question qui me donnait l'occasion d'inverser les rôles, je lui répondis : « La question d'indemnisation des membres du bureau n'est pas la question majeure. Pour moi, le vrai problème est l'incapacité du Conseil de l'Ordre à accompagner les grands changements de

1. *Le Parisien,* 16 février 2007.

société » ; et j'ajoutai, oubliant quelque peu le pouvoir de mes interlocuteurs : « Et puisque vous parlez d'argent, je reprocherais au Conseil de l'Ordre de n'avoir jamais rappelé à l'ordre les collègues qui font fortune sur la souffrance des malades. Là est mon reproche majeur. » Surpris par ma propre audace, je me tus. N'allais-je pas provoquer les foudres du Conseil, que je venais d'éviter ? À cet instant, je craignis de la part du président une réaction de colère, mais il n'en fut rien. Il prit même un air peiné pour m'avouer : « Oui je sais, il y a des excès, mais il est difficile de s'y opposer, d'autant que ces confrères-là siègent souvent dans les bureaux du Conseil de l'Ordre. Alors... » Il leva les yeux au ciel dans un aveu d'impuissance puis me fit signe que l'entretien était terminé. Ce fut un incroyable échange qui, des années plus tard, me laisse encore pantois. Je quittai le siège du Conseil de l'Ordre, sans sanction, sans interdiction d'exercer, sans même un blâme. J'estimai que je l'avais échappé belle, probablement grâce à cet ancien interne, qui de juge s'était mué en avocat. Je dois aussi reconnaître que j'avais eu face à moi un président particulièrement ouvert, un personnage inhabituel dans cette institution rigide et conservatrice. Je n'entendis plus jamais parler du Conseil de l'Ordre et poursuivis mon combat, plus convaincu que jamais de mon bon droit.

*

La question de la fin de vie fut de plus en plus abordée dans l'actualité, et les médias me sollicitèrent donc davantage. Débattre n'était pas toujours une partie de plaisir. Je découvris que souvent l'échange était piégé par la présence d'un nombre impair de participants, donnant la majorité aux défenseurs de la vie coûte que coûte. De plus, j'avais rarement les faveurs du médiateur. La participation à de faux débats laisse un goût amer. On en ressort frustré, avec l'impression d'avoir été manipulé et de n'avoir pas eu le temps d'exposer ses arguments. Ce type d'échange est contre-productif, et je pris la décision de refuser d'intervenir s'il n'y avait pas égalité de débatteurs dans chaque camp. Avant les émissions, je me renseignais sur le nom et le nombre des participants. Avec l'expérience, j'évitais également de participer à des émissions en différé où l'interview d'une demi-heure se réduit à trente secondes, et où les phrases sont sorties du contexte.

À l'inverse, curieusement, on devient presque abonné à certaines émissions. Ainsi, j'ai été invité de nombreuses fois à « C dans l'air » sur France 5, une émission réputée pour son sérieux, animée à l'époque par Yves Calvi, un vrai journaliste qui préparait ses questions et laissait du temps aux invités pour leurs réponses. Au fil des émissions sur plusieurs années, je notai un changement de ton à mon égard. Autant la première fois j'eus l'impression que mes propos l'agaçaient et qu'il penchait en faveur des défenseurs inconditionnels de la vie quel que soit l'état du malade, autant les fois suivantes ses questions perspicaces me prouvèrent que sa réflexion avait évolué. À l'occasion du procès du Dr Bonnemaison qui venait d'être acquitté en première instance, je fus invité et me retrouvai au côté de l'ancien ministre de la Santé, Bernard Kouchner, devenu défenseur du droit à l'Aide médicale à mourir. Beau parleur, il défendit brillamment la thèse de la liberté de choisir sa fin de vie et regretta publiquement de n'avoir pas eu l'audace de légiférer lorsqu'il était ministre de la Santé. Ce jour-là, je perçus chez Yves Calvi un changement très net d'attitude. Était-ce l'acquittement récent du médecin accusé, l'éloquence de l'ancien ministre ou son évolution personnelle ? Les questions qu'il posa plaidaient nettement en ma faveur. Après l'émission, moment privilégié où les participants s'autorisent à échanger plus simplement, il s'approcha de moi pour me souffler : « Tenez bon. C'est vous qui avez raison. »

Malheureusement, la fois suivante, Yves Calvi était remplacé par un autre journaliste, plus jeune, moins expérimenté. Je sentis très nettement qu'il aurait eu besoin de quelques cours du soir pour approfondir une telle question.

Dans cette même émission, j'eus l'occasion de débattre avec Bernard Debré, un autre ancien ministre. L'échange fut rude. Ce n'était pas la première fois que nous nous confrontions l'un à l'autre devant des caméras de télévision. Ce ne fut jamais un combat de boxe, plutôt un échange à fleurets mouchetés. Cet illustre professeur en chirurgie urologique avait pour lui l'assurance des célébrités, notamment après avoir soigné François Mitterrand. Député du 16e arrondissement de Paris, ancien ministre, il était surtout issu d'une famille renommée d'hommes politiques, de père en fils, de Robert à Michel, de Michel à Jean-Louis... Face à un tel représentant du camp adverse, je ne pesais pas lourd. Nous avions exactement le même âge, reçu la même formation universitaire ; mais il avait l'assurance des chirurgiens qui ont le geste magique, et moi l'incertitude des médecins qui soignent au jour le jour, et suivent durant des années leurs patients en les accompagnant dans leur lutte contre la souffrance, parfois jusqu'à la mort.

Je savais que, tout beau parleur qu'il était, son expérience en matière d'accompagnement des malades en fin de vie était nettement inférieure à la mienne. C'est une règle quasi générale : les opérés meurent rarement en service de chirurgie. En cas de complications aiguës, ils décèdent en réanimation ; en cas de complications chroniques ou d'échec du traitement chirurgical, ils sont transférés en médecine. Je lui rappelai publiquement ce constat, et je conclus que sa faible expérience en ce domaine ne lui permettait pas d'affirmer des vérités *ex cathedra*, que sa position relevait plus d'une idéologie que d'une expérience médicale. Bien sûr il se cabra, affirma suivre ses patients jusqu'au bout, mais je le sentis déstabilisé. Il savait que j'avais raison, et son ton agacé me confirma que j'avais marqué un point.

À la sortie de l'émission, il vint vers moi et, bon prince, me prit par l'épaule pour me proposer de poursuivre la discussion autour d'une bière au bistrot du coin. Nous nous sommes retrouvés dans le café situé dans la rue François-Ier, en face des studios d'enregistrement.

Là, sans que je lui demande quoi que ce soit, après quelques échanges banals, il se penche vers moi, l'air complice et me souffle : « Je vais te révéler une histoire de famille pour te prouver que je ne suis pas ignorant en la matière. » Et d'ajouter : « Mais tu n'en parles à personne. » Je lui réponds en souriant : « Allons, sois sérieux, nous sommes en totale opposition sur ce sujet. Si, après le débat animé que nous venons de partager, tu me racontes ton histoire, c'est que tu acceptes implicitement qu'elle ne reste pas secrète. Je suis franc avec toi, je ne m'engage pas à garder le secret. Si tu crains qu'elle soit un jour sur la place publique, ne me la raconte pas, garde-la pour toi. »

Il sourit à son tour, vide la moitié de son verre, puis se décide : « OK. Je te la raconte tout de même. » Dès lors, je concentre toute mon attention, surpris par ma situation de confident.

– Tu connais mon grand-père, Robert Debré ?

– Bien sûr. Un grand pédiatre, et surtout le père de la réforme hospitalière de 1958, celle qui a créé le temps plein hospitalier. Une réforme capitale ! Ton grand-père était un grand bonhomme. Il a bien mérité que l'on donne son nom à l'un des plus grands hôpitaux parisiens.

– Sais-tu à quel âge il est décédé ?

– Aucune idée.

– À quatre-vingt-seize ans. Et crois-moi, sa mort n'a pas été une mince affaire. Il sentait sa fin venir. Un jour, il nous a tous réunis, enfants et petits-enfants. Et voilà qu'il nous fait un discours sur sa vie bien remplie, sur son souhait de ne pas se voir se dégrader plus longtemps et affirme qu'il n'a plus qu'un désir : partir.

Bernard Debré s'interrompt, m'observe. Je reste silencieux, ne comprenant pas où il veut en venir.

– Là, je t'avoue, ce fut la surprise générale... On s'observe, on s'interroge du regard. On se tourne vers moi comme je suis le médecin. Je ne sais pas quoi dire. Comprends-moi, notre famille est très catholique...

Il s'interrompt de nouveau puis reprend, insiste sur le désarroi général. La famille se retire pour réfléchir aux exigences du patriarche et cherche une réponse.

– Mes frères finissent par accepter ma proposition : faire appel à un médecin extérieur à la famille, de préférence d'obédience catholique, capable de le raisonner. On fait appel au professeur Jean Bernard. Tu le connais ?

Bien sûr ! Cet hématologiste de renommée internationale était également réputé pour ses positions éthiques et religieuses. Il fut le premier à être nommé au poste de président du Comité national d'éthique. Celui que la société considérait comme un sage accepta de se rendre à la maison familiale. Mon interlocuteur me précise que l'éminent personnage tenta, en vain, de convaincre le grand-père de revenir sur sa demande, mais l'ancêtre était têtu et ne voulait rien entendre. Alors, en désespoir de cause, Jean Bernard, me raconte-t-il, propose de lui injecter une forte dose de morphine en intraveineuse avec l'espoir qu'à son âge la drogue l'emporterait.

– Ce qui fut fait. Avec un résultat immédiat : il est tombé dans une sorte de coma. Malgré ses quatre-vingt-seize ans, quelques heures plus tard, à notre grande surprise, il se réveille, et nous engueule : « Vous n'avez pas compris ce que je vous demandais : je veux partir. »

Nouveau conclave. Nouvelles hésitations, nouvelles interrogations... Puis, d'un commun accord, ils décidèrent de répondre médicalement à sa demande.

– C'est ainsi qu'il est parti. Incroyable, non ?

Je le fixe, interloqué. D'abord surpris par cette preuve de confiance de la part de cette sommité médicale qui me connaît à peine, et de surcroît opposant farouche aux idées que je viens de défendre une heure auparavant sur le libre choix du malade. Passé le moment de surprise, j'éprouve aussi un certain agacement. Pourquoi me confie-t-il son histoire qui vient corroborer tout ce que je tentais de lui expliquer sur le plateau, devant des milliers de témoins ? Quel besoin de défendre le contraire de ce qu'il avait vécu au plus profond de son être ? Pourquoi combattre des idées que la vie l'avait amené à accepter comme une évidence humaine ? Pourquoi ces deux faces : tant de rigidité d'un côté, tant de tolérance de l'autre ?

Nous avons fini nos bières sans plus de commentaire. Tout avait été dit. Loin des caméras, loin des auditeurs. Dans le silence d'un dialogue vrai entre médecins, entre êtres humains. Nous ne nous sommes plus revus. Je n'ai jamais vérifié ses dires, je n'en avais pas les moyens. Et auprès de qui aurais-je pu m'informer ?

En septembre 2020, j'appris par la presse la mort de Bernard Debré, des suites d'un cancer. Dès que j'ai entendu la nouvelle, cette anecdote m'est revenue en mémoire, et j'ai pensé à sa propre fin. Je ne sais dans quelles circonstances il est parti, mais j'espère pour lui qu'il a croisé à temps un confrère compréhensif qui eut pitié et mit fin à son calvaire.

*

Longtemps, je me suis demandé quel rôle cet événement familial avait joué dans son opposition viscérale à l'Aide médicale à mourir. On m'a précisé, par exemple, que pour Axel Kahn, le célèbre homme de science, décédé en juillet 2021 des suites d'un cancer, le suicide de son père n'était probablement pas étranger à son opposition absolue à la mort assistée. Le vécu secret des hommes n'est pas sans conséquence sur leurs choix et leurs engagements, même si souvent ils en ignorent ou en sous-estiment le lien.

Au-delà des événements extérieurs qui m'ont amené à faire de la liberté de choisir sa fin de vie un véritable combat, je me suis questionné moi-même sur de possibles manipulations de mon inconscient, car, bien que la mort soit une question universelle et incontournable, elle n'est habituellement pas un sujet mobilisateur. Les psychanalystes verront peut-être dans mon engagement une peur masquée de la mort surgissant avec l'âge ? Peut-être, mais pourquoi me serais-je lancé dans cette aventure pendant plus de vingt ans, quand j'étais encore en pleine activité professionnelle ? D'autres évoqueront une fascination morbide pour la Grande Faucheuse, frôlant le pathologique. Dois-je l'avouer ? Si l'agonie avec son cortège de souffrances est pour moi source d'angoisse, la mort ne m'a jamais fait peur. Étrangement, depuis mon adolescence, j'ai toujours senti sa présence, proche comme une compagne ambiguë qui m'amenait à mieux apprécier la vie. Je n'ai pas eu besoin d'un événement dramatique pour mesurer la fragilité du futur qui rend le présent plus savoureux. Ou alors est-ce très ancien, de cette époque lointaine, où, à peine enfant, j'ai failli mourir d'une infection grave et ne dois la vie qu'à la découverte de la pénicilline qu'on m'injectait plusieurs fois par jour au cours de séances de sanglots ? Toutefois, cette explication psychanalytique ne me semble pas suffisante, pas plus que ces terribles impressions de mort artificielle que j'ai connues pendant l'enfance quand, ma mère me tenant contre elle, mon père chirurgien m'appliquait son horrible masque qui me plongeait dans un coma anesthésique avant de m'opérer, un jour des amygdales, le lendemain des végétations, d'autres fois de parasynthèses pour otites purulentes ou encore d'un nez cassé... Il n'est pas facile d'avoir un père chirurgien, encore moins oto-rhino-laryngologiste, quand on est gamin. Mais là encore, est-ce une explication suffisante pour justifier un tel combat ?

Je ferais plutôt remonter cette prise de conscience aux quarante années de vie hospitalières où j'ai vu mourir tant de gens et de façons si différentes, avec des demandes si diverses, des angoisses si variées ! J'ai découvert aussi que, dans ce milieu médical qui côtoie au quotidien la vie et la mort, la question de la fin de vie restait un sujet tabou, un sujet que l'on évitait d'aborder, par pudeur ou par ignorance. Aucun enseignement, aucun sujet de recherche sur ce qui était notre quotidien. Aucun échange, même entre collègues.

Et pourtant il y avait matière : quarante années passées à lire l'angoisse dans les regards, à écouter les plaintes d'inconnus, à s'efforcer de saisir le désir profond de ces êtres en souffrance venus me demander mon aide. Quand on s'aventure sur le chemin difficile de la fin de vie, on ne peut pas faire semblant. Aussi ai-je acquis peu à peu la conviction que satisfaire la demande des patients était un combat essentiel, une lutte pour une liberté fondamentale bafouée depuis trop longtemps.

Dans ma vie de médecin, les malades m'ont beaucoup appris. Ils m'ont fait prendre conscience combien l'enseignement universitaire que j'avais reçu avait été restreint et dogmatique, combien était simpliste la vision de la vie enseignée par mes maîtres scolaires et mes protecteurs. Les malades ont bouleversé les convictions religieuses de ma jeunesse. Il est des souvenirs ineffaçables qui ont mis à mal mes certitudes.

Cette nuit-là fut terrible. Interne en réanimation à l'hôpital Cochin, j'ai veillé pendant des heures infinies une jeune fille de dix-huit ans, en partie dénudée par les exigences des soins. Je n'avais jamais vu une telle couleur de peau, d'un cuivre rouge chauffé par la fièvre. J'ai assisté toute la nuit aux soubresauts d'un corps luttant contre les millions de bactéries qui l'assaillaient pour la punir d'avoir tenté de mettre fin à une grossesse non désirée avec une aiguille à tricoter. Cette nuit-là, tous les remparts de mon éducation religieuse volèrent en éclats. Au matin, devant ce corps immobile, encore rouge, mais refroidi par la mort, j'avais acquis une certitude : plus jamais ça. Aucune théorie, aucune idéologie, aucune conviction religieuse ne pouvait justifier un tel gâchis. Le gâchis de la jeunesse et de la beauté. Ce jour-là, je décidai de prendre le parti de celles qui exigeaient une loi autorisant l'interruption volontaire de grossesse. Nous étions en 1972, trois ans avant la loi de Simone Veil sur l'IVG.

Pour la fin de vie, ce sont également les malades qui m'ont fait évoluer. Avec eux, j'ai découvert la valeur de la vie, mais aussi l'absurdité de la souffrance, rapidement devenue pour moi l'ennemi numéro un. Et, pour mieux la pister, j'ai fait de l'écoute de mes malades une priorité. Eux aussi ont remis en question les dogmes que l'on m'avait inculqués. J'appris bientôt à ne plus imposer mes convictions, mais à mettre mes connaissances au service de celui qui souffre avec un objectif : le soulager. Telle fut l'une des bases de mon éthique médicale.

2

« Bons » et « mauvais » médecins ?

Plus je me suis engagé dans ce combat pour offrir à chacun le droit à choisir sa fin de vie, plus j'ai pris conscience que ce sujet déclenchait des réactions d'une violence excessive.

Paradoxe étrange ! Pourquoi ceux qui prenaient le risque d'aider les malades à mourir sans souffrance pour répondre à leur demande étaient-ils montrés du doigt, placés du côté des « mauvais médecins » ? Et, pire, possiblement accusés d'empoisonnement, susceptibles de passer en jugement et d'être exclus de la communauté médicale. En face, ceux qui appliquaient à la lettre une loi que beaucoup de citoyens considéraient comme doctrinaire, dépassée et, par bien des côtés, inhumaine, étaient les « bons médecins » parce qu'ils respectaient les consignes du Conseil de l'Ordre et les indications de la Société française d'accompagnement et de soins palliatifs (SFAP) ou parce qu'ils prétendaient laisser agir la nature, même quand elle se révélait cruelle. Les acharnés de la fin de vie, du « laisser mourir », les défenseurs de « la vie coûte que coûte » avaient les faveurs des instances dirigeantes de notre société, et la loi pour eux.

Pour avoir osé défendre la liberté de choisir sa fin de vie, que d'insultes n'ai-je pas entendues ! Juste après avoir lancé le Manifeste des 2 000 soignants ayant reconnu avoir aidé des malades à mourir, je reçus nombre de lettres anonymes truffées d'insanités. L'une m'annonçait : « On va t'euthanasier en premier », une autre me vouait aux feux éternels, signée par un prêtre. Et tant d'autres menaces absurdes ! Après la sortie de mon livre *Pitié pour les hommes*[1], mon site Internet fut bloqué par une multitude de mails venus des États-Unis, envoyés par des gens qui ne l'avaient très certainement jamais lu. La dernière menace date du 13 août 2021 où un inconnu m'a envoyé ce doux message : « Fils de pute. On te retrouvera et on va t'injecter le nécessaire. » Le bougre ignorait mon arbre généalogique, car ce n'est pas moi « le fils de pute », mais ma grand-mère, une orpheline, une enfant issue de la prostitution. Sa mère, mon arrière-grand-mère, s'était vendue pour échapper à la misère. Elle est morte jeune après avoir mis au monde un autre enfant, un garçon, lui aussi adopté. On ne choisit pas ses racines, et je ne rougis pas des miennes.

Une invitation parmi d'autres me fit également prendre conscience de l'ampleur de l'animosité que suscitaient mes prises de position. Cette fois, ce ne furent pas des représentants du monde médical et politique, mais de celui des juristes. Un milieu dont j'ignorais tout, y compris les mauvaises manières.

---

1. Stock, 2009.

En 2012, je fus convié à participer au Congrès annuel des juristes, qui se tenait en Savoie. Ils avaient choisi un thème porteur : les questions posées par l'éthique, avec le matin des conférences autour des problèmes liés à la naissance, et l'après-midi des exposés autour de la fin de vie. Quelques semaines avant le congrès, l'organisateur, lui-même juriste, me remercia chaudement pour ma participation, car il avait eu bien du mal à trouver un médecin défendant l'Aide médicale à mourir. Il me proposa de donner une conférence d'une demi-heure, en tout début d'après-midi, et de dialoguer ensuite avec la salle pendant vingt minutes. Je n'avais jamais défendu mes idées devant les hommes de justice, en dehors de mon passage comme témoin devant les tribunaux. L'invitation me plut.

Pour respecter mon engagement, j'écourtai un voyage en Égypte et je renonçai à une visite prévue au temple d'Abou Simbel.

J'arrivai en fin de matinée au centre des congrès, je croisai René Frydman, venu parler de l'éthique et de la naissance. Nous avions été chefs de clinique à la même période à l'hôpital de Clamart. On se salua. Je fus ensuite accueilli par l'organisateur, mais, à sa mine déconfite, je sentis qu'il y avait un problème. Il m'expliqua : « Comment vous dire... le président de notre société préférerait que, finalement, vous ne preniez pas la parole. Mais, ajouta-t-il, ne vous inquiétez pas, nous vous rembourserons votre billet de train. » Stupéfait par la grossièreté de cet accueil, je lui rappelai que c'était lui qui m'avait invité, que j'avais écourté mon voyage en Égypte pour être présent et qu'en conséquence il était hors de question que je ne fasse pas mon exposé comme il était annoncé dans le programme. Il repartit, visiblement contrarié par ma réponse, puis me rejoignit une demi-heure plus tard pour me demander si j'accepterais de décaler ma conférence à 18 heures, autrement dit quand la salle serait à moitié vide. Je refusai. Il s'éloigna, agacé par mon entêtement, mais ne désarma pas et revint peu de temps après m'annoncer : « D'accord pour 14 h 30, mais votre intervention sera limitée à un quart d'heure. »

Furieux, je lui rappelai que ma conférence était prévue pour une demi-heure, à 14 h 30, que j'avais bien l'intention de remplir mon contrat dans sa totalité. Il disparut de nouveau et vint me retrouver à l'heure du déjeuner pour me prévenir : « D'accord, on ne change rien, vous parlerez à 14 h 30, mais le débat avec la salle est annulé. »

À 14 h 30, lorsque l'organisateur du congrès annonça au micro mon nom, je vis le président de l'honorable société des juristes, assis au premier rang, se lever et quitter ostensiblement le lieu. Pour la première fois de ma vie, je commençai un exposé par une formule peu amène : « Je ne remercie pas le président de votre société qui vient de manifester de la façon la plus grossière qui soit son opposition aux propos que je vais vous tenir. Je ne remercie pas non plus l'organisateur qui, après m'avoir invité à participer à votre colloque, m'a demandé de renoncer à prendre la parole, puis a voulu décaler ma conférence en fin de journée avant de souhaiter que je la réduise de moitié. Je n'ai jamais connu dans le passé un accueil d'une telle vulgarité et d'une telle brutalité. » Je pris la parole dans un silence de plomb. Je le finis comme prévu une demi-heure plus tard sous des applaudissements, finalement assez fournis, mais je n'eus pas le droit de répondre aux questions des participants. Je quittai le colloque juste après, et pris le train du retour. Mon billet de train ne me fut jamais remboursé. Aujourd'hui encore je m'en veux d'avoir sacrifié la visite du temple d'Abou Simbel pour une telle mascarade.

Au cours de ces échanges en public ou par médias interposés, j'ai été surpris par la façon dont mes adversaires manipulaient les mots.

Même si je n'aime pas le mot « euthanasie », il est étymologiquement aussi clair que précis : *Eu*, le bien, *thanatos*, la mort. Autrement dit la « bonne mort », la mort sans souffrance. Mais ce mot a été tant dévoyé autrefois par les hommes en noir qui faisaient le salut hitlérien qu'il sert aujourd'hui de repoussoir. Par ailleurs, il faut une forte dose de malhonnêteté intellectuelle pour assimiler les crimes des nazis qui assassinaient hommes, femmes et enfants en bonne santé à l'Aide médicale à mourir destinée à répondre à la demande d'une personne atteinte d'une maladie grave et incurable, présentant des souffrances physiques et/ou psychologiques. Mais laissons aux désaxés de l'Histoire leurs manipulations du langage, même s'ils ont fini par marquer les esprits. Aussi, au mot « euthanasie », je préfère l'expression « Aide médicale à mourir » (AMM). Je suis même persuadé que la prochaine loi en France sur la fin de vie – car, c'est certain, il y aura une prochaine loi – préférera cette formule au mot « euthanasie ». Comme autrefois le mot « avortement » fut exclu du texte législatif, et remplacé par Interruption volontaire de grossesse (IVG). À ce propos, faut-il rappeler qu'à l'époque Simone Veil avait été également traitée de « nazie » en pleine chambre des députés, elle qui avait connu les camps de concentration ! L'insulte par l'amalgame est toujours l'arme des faibles.

Pour la même raison, j'ai toujours rappelé à mes débatteurs que le mot « tuer » qu'ils me jetaient à la figure comme une injure n'avait pas sa place dans le débat. « Tuer » signifie, selon le dictionnaire *Le Petit Robert*, « Faire mourir (quelqu'un) de mort violente[1] ». Quand on tue, on ne demande pas l'avis de sa victime. Rien de comparable avec ma position sur la fin de vie qui repose au contraire sur le respect du choix du malade et de sa liberté, sur la compassion, la non-violence, la lutte contre la barbarie de la souffrance.

Combien de fois m'a-t-on encore placé dans la catégorie des mauvais médecins parce que je trahissais, disait-on, le serment d'Hippocrate ! Je me suis alors interrogé sur la valeur de ce serment imposé aux jeunes praticiens. Représentait-il vraiment une frontière morale que j'aurais franchie, un moyen de séparer le bon grain de l'ivraie ? En étudiant l'histoire de ce texte, je me suis rendu compte combien il avait été manipulé par ceux-là mêmes qui entendent figer l'éthique dans le cadre étriqué de leurs convictions. Nous y reviendrons.

1. *Le Petit Robert*, 2017, p. 2 642.

Si les débats à la radio ou à la télévision furent parfois difficiles, j'ai souvent reçu, juste après ces émissions, des paroles d'encouragement, des gestes de sympathie de la part des gens qui n'étaient pas devant les caméras mais travaillaient à la technique, à l'organisation pratique du débat ou au maquillage. « Courage. C'est vous qui avez raison », me disaient-ils. Il ne s'agissait pas de paroles destinées à me remonter le moral, mais d'une adhésion sincère aux idées que je défendais.

Cette discrimination entre « bons » et « mauvais » médecins me rappela celle vécue lors du débat sur l'interruption volontaire de grossesse. Avant le vote au Parlement, il y avait déjà les « bons médecins » qui respectaient la loi répressive en vigueur, suivaient les consignes du Conseil de l'Ordre des médecins, ne voulaient rien savoir du sort des jeunes femmes qui prenaient le risque vital d'interrompre une grossesse non désirée. Et, en face, les « mauvais médecins », ceux qui reconnaissaient à ces femmes le droit d'en décider et qui les aidaient.

Rien n'a changé. Ce sont les mêmes groupes de pression qui s'opposent à l'évolution de la société, aujourd'hui comme hier. Avec les mêmes arguments, les mêmes insultes, la même discrimination, la même intolérance.

Je me pose encore et toujours, cette question : pourquoi le thème de la fin de vie suscite-t-il tant d'agressivité ?

3

Quand la loi se trompe d'éthique

Longtemps, j'ai entendu un discours sur l'inutilité de légiférer sur un tel sujet. La fin de vie, affirmaient certains, est un problème trop complexe, trop philosophique pour l'enfermer dans un texte de loi. Elle devait relever de la seule relation médecin-malade, et le législateur n'avait pas à s'en mêler. Cette position fut dominante de nombreuses années et aurait presque fait croire que la loi n'existait pas. Pourtant, le soignant qui accordait à son patient une aide médicale à mourir pouvait, s'il était dénoncé, être accusé d'empoisonnement et passer devant une cour d'assises. Les mises en examen de soignants pendant les vingt dernières années ont confirmé que la loi existait bien, et se révélait terriblement répressive.

D'autres se sont positionnés différemment : ils reconnaissaient que la loi existait, qu'elle était coercitive, mais qu'il était inconcevable que la société autorise des médecins à aider des patients à mourir. En conséquence, la moins mauvaise solution était de fermer les yeux, de laisser agir les médecins dans la clandestinité et, s'ils étaient découverts, de les juger avec clémence.

Que ce raisonnement ait pu être soutenu par de brillants esprits scientifiques laisse dubitatif. Étrange conception de l'État de droit, basé sur le « Pas vu, pas pris » et « Si pris, pas puni ou presque »...

Cette position ne résista pas longtemps devant la mise en examen de plusieurs soignants. Il fallait donc revoir la loi.

Dans la Charte du malade élaborée en 2002 sous le ministère Kouchner, le patient est mis au centre du débat. Ce texte essentiel rappelle des règles, pourtant évidentes, comme le devoir pour le médecin de révéler la vérité au malade, ou l'obligation absolue de traiter la douleur. Mais, pour ce qui concerne la fin de vie, le ministère botta en touche. Aucune analyse de la réalité, aucune ouverture ! Il faudra attendre plusieurs affaires révélées par les médias pour que le monde politique se décide à légiférer.

Entre 1989 et 2004, pas moins de douze projets de lois réclamant l'Aide médicale à mourir furent déposés à l'Assemblée nationale et au Sénat sans être jamais débattus.

Au cours des quinze dernières années, deux lois furent votées et promulguées : la première, en 2005, dite loi Leonetti, suivie par une seconde loi en 2016, dite Claeys-Leonetti. Dix ans entre les deux lois pour que les parlementaires se rendent compte des insuffisances majeures de la première. Combien d'années leur faudra-t-il encore pour reconnaître que la seconde ne correspond pas aux attentes de la population ? Rappelons que, chaque fois, les textes furent votés à la quasi-unanimité du Parlement. Sans réel débat. Comme la crainte d'aborder ce sujet et une façon d'éluder la question !

Alors qui suis-je pour oser critiquer des lois votées par l'ensemble des représentants du peuple ?

Commençons par la loi de 2005, élaborée par Jean Leonetti, député centriste, ancien cardiologue. La commission parlementaire qu'il présida sur ce sujet invita quatre-vingts personnalités venant apparemment de tous horizons : soignants, juristes, philosophes, historiens, religieux... J'ai lu cet énorme rapport, de plus de sept cents pages[1], où l'on découvre qu'environ neuf invités sur dix se positionnaient d'emblée comme favorables à la position du président de la commission, opposant farouche à toute forme d'Aide médicale à mourir ou de suicide assisté.

Son texte législatif fut, certes, voté à l'unanimité par les parlementaires. Mais un tel consensus est-il pour autant la preuve d'un réel progrès ? L'Histoire nous apprend que, dans le domaine des grands changements sociétaux, les débats à l'Assemblée nationale sont habituellement houleux. On l'a vu lors de la légalisation de la contraception, de l'IVG, lors de la création du Pacs ou du mariage pour tous. L'absence de vraie confrontation peut s'expliquer de deux façons : soit la loi est minimaliste, et satisfait tout le monde avec un dénominateur commun sans envergure qui fait croire au changement ;

1. Assemblée nationale, « Respecter la vie, accepter la mort », n° 1 708, 30 juin 2004.

soit elle est suffisamment floue pour que chaque parti y trouve son compte. Et l'une n'empêche pas l'autre.

Très rapidement, apparurent les insuffisances d'une loi très restrictive, incapable de répondre à la variété des situations et des demandes des malades. Au lieu de se remettre en question, les promoteurs de la loi accusèrent les médecins de l'ignorer ou de ne pas savoir l'appliquer. Pourtant, il n'était pas nécessaire d'avoir fait l'ENA ou Polytechnique pour la comprendre. L'origine de l'échec est tout autre : quand une loi est claire, son application est immédiate. Lorsqu'elle est floue, ambiguë et ne répond pas aux aspirations de la société, elle passe mal.

Soyons honnêtes : toute une partie de la loi Leonetti fut partiellement appliquée, car n'étant pas sujet à controverse. La condamnation de l'acharnement thérapeutique était déjà présente dans le code de déontologie médicale de 1996 ; le droit des malades de refuser des examens et des traitements jugés inutiles était déjà inscrit dans la loi Kouchner de 2002.

Seul le texte sur les Directives anticipées, que j'appelle volontiers « Testament de vie » pour être plus explicite, fut une réelle nouveauté. Tout au moins en France, car son utilisation était devenue pratique courante dans de nombreux pays comme le Canada, le Danemark, l'Angleterre, l'Australie, l'Allemagne, l'Autriche, etc. Aux États-Unis, le Patient Self-Determination Act, institué en 1991, impose à toutes les institutions de demander aux nouveaux arrivants de remplir, dès leur entrée, une déclaration sur leur souhait en cas de fin de vie ; le testament est ensuite versé au dossier et devra être respecté.

Malheureusement, en France, le législateur vida les Directives anticipées de leur contenu en décidant que ce « Testament de vie » n'aurait pas de valeur exécutive mais une influence purement consultative, sans obligation pour le médecin d'en tenir compte. Autrement dit, la loi incitait le citoyen à rédiger ses souhaits pour la fin de vie, mais sans lui donner l'assurance que ses souhaits seraient pris en considération. Aucune campagne ministérielle n'a incité la population à les remplir. À croire que le pouvoir n'y croyait pas lui-même ! Ce projet, initialement intéressant, fut un échec programmé.

Restait, comme réelle nouveauté, l'incitation pour chaque citoyen.ne à choisir une personne de confiance (membre de sa famille, ami.e, ou simple relation) capable de le ou la représenter si, d'aventure, il ou elle n'était plus en situation de s'exprimer. Rattaché aux Directives anticipées, ce conseil ne fut guère plus suivi.

Dans ses derniers articles, la loi de 2005 apporta un soutien inconditionnel aux soins palliatifs, mais dans ce qu'ils ont de plus restrictif, le législateur refusant catégoriquement la possibilité d'accorder au malade, quel que soit son désir, une aide active à mourir. Empêtré dans ses incohérences, le promoteur de la loi de 2005 imposa deux règles : l'une inhumaine, la déshydratation ; l'autre typiquement « jésuite », le « double effet » des médicaments.

On se demande quel raisonnement fallacieux a pu justifier la suppression de l'hydratation dans l'esprit du législateur, pourtant médecin lui-même. Comment ont-ils pu décréter que l'alimentation et l'hydratation étaient des

« traitements » ? En suivant un tel raisonnement, pourquoi ne pas y avoir associé la suppression de l'oxygène ? Il est évident qu'en supprimant ce qui est nécessaire à la vie, l'eau, l'alimentation, et pourquoi pas l'air, la mort va survenir. Pas besoin d'avoir fait de longues études pour l'imaginer. La question éthique est : est-ce la façon la plus douce pour aider à mourir ? Certes, la mort va survenir, mais dans quelles conditions ? Et en combien de temps ? Comment ce raisonnement antimédical – je dirais même aussi anti-éthique – a-t-il réussi à s'imposer ?

S'il est hors de question de « gaver » le patient en fin de vie avec une sonde gastrique agressive, rien ne s'oppose à l'hydrater correctement par voie intraveineuse. Comment le rapporteur de la loi a-t-il pu décréter que l'hydratation du corps humain était un traitement, et que sa poursuite reviendrait à un acharnement thérapeutique ? Mieux encore, le député, professeur des universités, Pierre-Louis Fagniez, affirma : « Lorsqu'on arrête l'alimentation, stopper l'hydratation progressivement est au contraire plutôt un élément de confort pour le malade[1]. » Sur quels arguments ce chirurgien, faible connaisseur des problèmes de fin de vie, a-t-il pu formuler une telle affirmation ?

Déshydrater un malade va à l'encontre de tout ce qui était enseigné jusqu'alors. Et pourtant, il n'y eut aucune réaction de la communauté médicale face à une telle décision législative. Aucune remarque du Conseil de l'Ordre des médecins ni des sociétés savantes !

1. Assemblée nationale, deuxième séance, 26 novembre 2004.

Pendant des dizaines et des dizaines d'années, tous les étudiants en médecine ont appris qu'il fallait hydrater les patients en toutes circonstances, même a minima, même en situation de coma, ne serait-ce que pour des raisons de confort, afin d'éviter toutes sortes de symptômes pénibles avec, au premier chef, la sensation de soif, la sécheresse de la bouche, l'encombrement bronchique... En cas de difficulté à poser une perfusion par voie veineuse, il fallait perfuser par voie sous-cutanée, rien que pour assurer au corps inconscient un minimum de confort. Pour le médecin qui suivait ces malades au jour le jour, ce principe d'hydratation était d'une telle évidence que personne ne le remettait en question. Même le Dr Leonetti, se souvenant du temps où il exerçait la médecine, exprima quelques réticences, affirmant dans son rapport du 18 novembre 2004 que « l'arrêt de l'hydratation artificielle était générateur de souffrances et que l'hydratation ne saurait donc être arrêtée ». Mais le Pr Fagniez, soutenu par d'autres idéologues, parvint à convaincre l'assistance. Et la commission retint ce principe, trop contente d'avoir trouvé un moyen dit « naturel » pour contrecarrer l'Aide médicale à mourir.

Dans un article cherchant à faire une revue de la littérature sur les effets de la dénutrition et de la déshydratation chez les personnes présentant un état végétatif chronique ou une détérioration cognitive évoluée, le Dr Régis Aubry, travaillant au département Douleur-Soins palliatifs au CHU Jean-Minjoz de Besançon, n'apporte aucun élément permettant d'affirmer l'innocuité de la méthode, malgré sa volonté de la défendre. Tout le texte est dans le relatif : « Les connaissances actuelles laissent penser que les patients en état végétatif chronique ne peuvent pas éprouver la faim et la soif. » Sans référence. Comment l'affirmer puisqu'il n'y a pas de contact possible ! « Après arrêt de la nutrition et de l'hydratation chez les patients présentant un état végétatif chronique, le décès survient en général après dix à quatorze jours. » En recherche médicale, l'expression « en général » n'existe pas. Un minimum de rigueur scientifique impose de donner une moyenne et de chiffrer les extrêmes. Car il y a des extrêmes, de terribles extrêmes, de plusieurs semaines.

Ce qui ressort de la lecture de cet article est que l'on ne sait rien sur les sensations réelles des patients en état végétatif chronique ou dans le coma, et que leur supposée bonne tolérance à la suppression de l'hydratation est pure spéculation. Affirmer que cette méthode est bonne pour les patients en fin de vie relève plus d'une volonté idéologique que d'une rigueur scientifique.

Il est certain qu'en déshydratant le malade, on finit par créer une insuffisance rénale fonctionnelle qui va devenir mortelle. Mais comment peut-on considérer cette insuffisance rénale comme « naturelle » à partir du moment où elle est créée artificiellement ? Et quel intérêt d'attendre son installation qui prolonge l'agonie quand on peut humainement, en administrant des médicaments, permettre à celui qui va mourir de partir sans souffrir, en s'endormant ? Pourquoi ajouter à ses souffrances d'autres souffrances dont l'importance est toujours difficile à évaluer en de telles circonstances ? Et il ne suffit pas, comme l'affirment certains ténors des soins palliatifs, d'humecter la bouche du malade pour faire disparaître la sensation de soif. Ceci est un mensonge. L'ont-ils simplement expérimenté sur eux-mêmes ? Même les grévistes de la faim continuent à s'hydrater car la sensation de soif est trop douloureuse.

Quant au deuxième axe de la loi Leonetti de 2005, l'acceptation juridique du « double effet des médicaments », il relève également d'un raisonnement plus idéologique que médical. Le législateur fut obligé de reconnaître que sa méthode dite « naturelle » de suppression de l'alimentation et de l'hydratation était quelque peu insuffisante pour obtenir une fin de vie avec un minimum de confort. Pour soulager la douleur et calmer les angoisses, il fut donc obligé de recourir, au risque d'être traité de tortionnaire, à des médicaments, produits fort peu naturels. Mais comment faire appel à des produits qui n'ont rien de naturel tout en respectant la nature ? Comment augmenter les doses d'antalgiques et de sédatifs pour soulager le patient, sans être accusé d'empoisonnement ? Car si, à l'occasion d'une augmentation de posologie, la mort survenait, le médecin ne serait-il pas de nouveau considéré comme un « empoisonneur » ? Pour résoudre cet impossible dilemme entre médecine et idéologie, le législateur a inventé l'idée du « double effet du médicament ». La perfusion de sédatifs et de morphiniques serait acceptable, à la condition expresse qu'à aucun moment le prescripteur n'ait la moindre « intention » d'aider son patient à mourir. Si tel était le cas, il n'aurait pas à craindre les rigueurs de la loi. Mais si surgit dans son esprit la moindre pitié envers son patient et qu'il augmente les doses, il devient alors un « assassin », et la justice pourra le poursuivre en cour d'assises pour empoisonnement. Pas facile d'appliquer une loi qui repose sur un testeur de pensée, évidemment fictif !

En pratique, pour prouver sa bonne foi, le médecin dépourvu de « mauvaise pensée », fidèle à la loi, doit donc, selon l'esprit du texte, réveiller régulièrement son patient afin de s'assurer que les doses ne sont pas trop fortes. Une loi aussi absurde ne pouvait qu'échouer et entretenir la clandestinité.

Le Dr Chaussoy, qui fut mis en examen après avoir aidé à mourir Vincent Humbert, quadriplégique qui suppliait la société de l'aider à en finir, écrivit, pour justifier son acte compassionnel, un article publié dans *Le Monde* en 2006. Il disait tout haut ce que nombre de médecins pensaient tout bas : « J'ose à peine raconter l'unique solution que j'aurais eue à lui proposer : il se serait agi, après mûre réflexion, pour ne pas déroger à l'inaltérable “Tu ne tueras point” et ne pas déranger notre confort moral, de cesser de le nourrir. Le laisser mourir de faim, entouré des siens et surveillé par l'équipe médicale... À quoi ressemble une société qui se satisfait de pareils faux-fuyants ? Et que reste-t-il d'humanité dans cette proposition-là[1] ? »

Au-delà de ses graves insuffisances et de ses contradictions médicales, la loi Leonetti de 2005 ignorait les nombreuses situations de souffrance où, sans être à un stade terminal de la vie, des patients demandent à la médecine que cessent leurs souffrances, la vie ayant

1. *Le Monde*, 15 mars 2006.

perdu toute saveur. Sont concernés en particulier tous les malades atteints d'affections dégénératives qui réduisent peu à peu l'autonomie, génèrent d'insupportables souffrances physiques et psychologiques. Ce sujet ne fut même pas abordé.

*

Il fallut tout de même dix années aux hommes politiques pour reconnaître les limites d'une loi qui ne donnait satisfaction ni au médecin, qui gardait une épée de Damoclès au-dessus de la tête, ni surtout au malade, contraint de vivre une agonie prolongée au nom d'un respect idéologique de la nature.

Devant cet échec, le président François Hollande se ressaisit du problème et en fit même une promesse essentielle de sa campagne. Mais, à la surprise générale, il demanda à celui-là même qui avait échoué à écrire un texte satisfaisant de revoir sa copie, en lui associant un député de gauche à peine plus ouvert sur le sujet. Un duo chargé de trouver l'impossible consensus. Le résultat fut à la hauteur des prévisions, mais pas à la hauteur de l'enjeu. Certes, la loi Claeys-Leonetti fit des avancées, mais pour la plupart en trompe l'œil.

Côté progrès, on peut retenir la valeur décisionnelle et non plus consultative des Directives anticipées, ainsi que la remise en cause du « double effet des médicaments » par l'autorisation d'une « sédation profonde et continue maintenue jusqu'au décès » (SPCMD).

Malheureusement, ces deux progrès ne sont qu'apparents. Comme s'ils avaient brûlé les mains des promoteurs, ils furent immédiatement bridés par les conditions de leur application.

Ainsi, les Directives anticipées devenaient bien décisionnelles, mais seulement si elles s'exprimaient dans le cadre strict d'une loi restrictive. Pas question d'émettre un autre souhait que celui autorisé. Voilà pourquoi dix-sept ans après leur promulgation, les Directives anticipées ne sont remplies que par 13 % des citoyens[1].

Lors d'un entretien que j'ai eu en octobre 2021 avec Bernard Cazeneuve, ancien ministre de l'Intérieur, ancien Premier ministre du gouvernement Hollande, je lui ai posé la question : « Et vous, monsieur le Premier ministre, avez-vous rempli vos Directives anticipées ? » Il m'a répondu avec un sourire gêné : « Non. Je dois le reconnaître : pas encore. » Si le message n'est pas passé au plus haut niveau de l'État, pas étonnant que si peu de Français les aient remplies.

Quant à la « sédation profonde et continue maintenue jusqu'au décès », elle aurait pu être un réel progrès si son application avait été fidèle à l'intitulé. Malheureusement les restrictions considérables de ses indications, et la difficulté pratique de sa réalisation décrite dans un texte touffu rédigé par la Haute autorité de santé (HAS) sous la dictée de la Société française d'accompagnement et de soins palliatifs (SFAP), en limitèrent considérablement l'application.

Pour ce qui concerne la méthodologie, le texte maintient le principe de la déshydratation, dont on a vu

1. *Le Figaro*, « Fin de vie : seulement 13 % des Français ont rédigé leurs directives anticipées », 21 mai 2019.

l'inutilité et la cruauté. Et pour la sédation dite « profonde et continue », certes elle fait appel à une association de morphiniques et d'un sédatif puissant, le Midazolam (Hypnovel), mais avec des doses très calculées, toujours avec l'idée de déconnecter le patient, assez, mais pas trop, pour ne pas être accusé d'avoir aidé l'agonisant à mourir. Derrière cette recherche d'un équilibre bancal, on retrouve à peine voilée toute la philosophie du « double effet des médicaments ». Résultat : une prolongation de l'agonie d'un corps à qui on est censé avoir ôté médicalement la pensée. Où est le bénéfice pour le malade d'être maintenu dans un état artificiel dont on ignore toujours le degré de conscience et de souffrance ? En tout cas, pour la famille, c'est une certitude : la prolongation de l'agonie du malade engendre une attente douloureuse et inutile.

Enfin, la faiblesse majeure de la nouvelle loi est d'en avoir considérablement restreint les indications, ce qui réduit sa portée. Selon la loi, « la sédation est mise en œuvre dans un contexte d'urgence (hémorragie cataclysmique, détresses respiratoires asphyxiques...), ou pour répondre à la souffrance réfractaire du patient » et que « le pronostic est engagé à court terme[1] ». Autrement dit, pour bénéficier d'une sédation profonde et continue, il faut être vraiment à la phase toute terminale de la vie, et que le patient souffre « de douleurs intolérables et incontrôlables ». Intolérables pour qui ? Le malade ou le médecin ? Incontrôlables depuis quand ? Huit jours ?

1. *Guide d'aide à la décision dans la mise en œuvre d'une sédation pour détresse en phase terminale*, SFAP.

Quinze jours ? Un mois ? Et là encore qui décide ? Étonnante vision de l'éthique médicale où le médecin ne répond à la demande du malade que lorsque lui-même estime sa thérapeutique antalgique inefficace. Il y a dans ce texte officiel sur la mise en place de la sédation profonde et continue, sous l'apparence d'une méthodologie rigoureuse, une inhumanité dans son application. Que reste-t-il du choix du malade ? Que devient sa liberté ? Pourquoi lui avoir demandé de désigner une personne de confiance puisqu'il est noté que « la personne de confiance, les proches ne participent pas à la procédure collégiale, mais auront été consultés en amont » ?

Mais ce n'est pas tout : la loi refuse toujours d'entendre la demande des malades qui, atteints d'une affection comme un cancer incurable, n'en sont pas à l'extrême de l'agonie, ou n'endurent pas des souffrances incontrôlables, mais ne supportent plus la dégradation progressive et douloureuse de leur corps et de leur pensée. Elle exclut également les patients atteints de maladies neurologiques dégénératives qui entraînent une grave incapacité et des souffrances telles que la vie devient un long calvaire sans espoir d'amélioration, comme la maladie de Charcot ou la maladie de Parkinson à un stade évolué. Récemment la presse s'est fait l'écho[1] du désarroi de M. Alain Cocq, cloué au lit par une maladie qui le torturait depuis trente-quatre ans. Lui

---

1. « Alain Cocq demande à Emmanuel Macron "le droit à une mort digne" », *Le Monde*, 1er septembre 2020 ; « Alain Cocq, une fin de vie militante », *La Croix*, 6 septembre 2020.

aussi a écrit au président de la République, Emmanuel Macron, pour que l'on mette fin à ses souffrances. La réponse fut froidement négative. On lui demanda de réfléchir de nouveau comme si les trente-quatre années d'immobilisation sur son lit de grabataire n'étaient pas suffisantes. On lui envoya deux assistants sociaux qui ne purent que constater la terrible situation. Il faut un certain cynisme pour expliquer à un être humain qui souffre depuis si longtemps qu'il peut souffrir encore un peu. Combien de temps ? Ça, on verra. M. Alain Cocq est parti en Suisse le 15 juin 2021 obtenir ce que la France lui refusait.

Exactement à la même période, Mme Abelin-Norel écrivait également au président Macron pour lui demander la possibilité d'obtenir une Aide médicale à mourir. Dans sa lettre au président de la République, écrite en août 2020, cette femme âgée explique parfaitement les raisons de son choix : toute sa vie, la lecture a été sa passion, se découvrir aveugle à la suite d'une dégénérescence maculaire est pour elle une souffrance intolérable. Qui peut l'évaluer à sa juste valeur ? Elle seule la connaît. Son témoignage est surprenant de dignité[1]. Le président Macron répondra comme ses prédécesseurs : « Désolé, mais je ne peux rien faire pour vous. Ce n'est pas conforme à la loi. » À croire qu'un président de la République n'a aucun pouvoir pour initier une loi. Le 9 septembre 2020, Mme Abelin-Norel, elle aussi, est partie mourir en Suisse.

1. Site de l'association Le Choix-Citoyens pour une mort choisie, rubrique « Témoignages ».

Auraient été également exclus de cette loi Vincent Humbert, tétraplégique, aveugle et muet, Mme Sébire, atteinte d'un cancer de la face[1], l'écrivaine Anne Bert[2], atteinte d'une maladie de Charcot, et tant d'autres.

Dans une société humaine et civilisée, n'y a-t-il pas un moment où le désir du malade en fin de vie devrait l'emporter sur toute considération médicale, sociétale, idéologique ou religieuse ? Une question de respect envers celui qui va partir.

Avec cette deuxième loi, dite Claeys-Leonetti, tout est resté en place pour prolonger une agonie inutile et douloureuse, et pour refuser au malade en fin de vie la possibilité d'exercer sa dernière liberté, sans entraver la liberté de quiconque. Aussi, dans l'avenir, il ne suffira pas qu'une loi sur l'Aide active à mourir soit votée, il faudra également revoir l'application de cette loi sur la sédation profonde et continue, tant dans ses indications que dans sa méthodologie.

*

Et les soins palliatifs ? me dira-t-on. Vous les avez oubliés.

Certainement pas ! Les deux lois précédemment énoncées, Leonetti de 2005 et Claeys-Leonetti de 2016, apportèrent un soutien inconditionnel et sans faille au développement des soins palliatifs. L'importance prise

1. « Chantal Sébire a été retrouvée morte chez elle (atteinte d'une maladie incurable, elle avait réclamé en vain à la justice le droit de mourir) », *Libération*, 20 mars 2008.

2. *Le Tout Dernier Été*, Fayard, 2017.

ces deux dernières décennies par la Société française d'accompagnement et de soins palliatifs (SFAP) mérite que l'on s'y attarde et que l'on sorte des clichés largement répandus.

La dénomination de cette société exclut toute critique. Qui peut être contre le fait d'accompagner les patients jusqu'à leur décès et de leur apporter des soins quand le traitement curatif n'a plus sa place ?

Mais cette société qui préside à l'enseignement et à l'organisation des soins en fin de vie est passée, en France, d'une philosophie humaniste à une conception sectaire de la fin de vie qui fait d'elle, aujourd'hui, l'un des mouvements les plus opposés à toute modification de la loi.

Au départ : une idée humaniste...

Rappelons que la première unité de soins palliatifs a été créée en 1967 par Cicely Saunders en Angleterre. Elle avait pour but de « faire (pour le malade) tout ce qui reste à faire quand il n'y a plus rien à faire » : l'entourer, traiter la douleur, l'aider psychologiquement, avec une équipe de médecins, d'infirmières, de kinésithérapeutes, de psychologues, et la participation de bénévoles.

Cette démarche répondait à une carence certaine : l'accompagnement des patients en fin de vie ne suscitait pas de la part des soignants une mobilisation suffisante, même s'il existait des différences majeures d'un service à l'autre.

La France attendit 1986, soit vingt-cinq ans après les pays anglo-saxons, pour qu'Edmond Hervé, secrétaire d'État aux affaires sociales et à la santé, soutienne la circulaire rédigée par Geneviève Laroque, adjointe au directeur général de la santé, sur l'organisation de soins palliatifs destinés aux malades en phase terminale. Mais cette décision politique, sans financement suffisant, n'eut initialement que peu d'effet.

Toutefois, la prise de conscience que favorisa le mouvement des soins palliatifs influença, dix ans plus tard, en 1996, le code de déontologie médicale qui réglemente l'exercice de la médecine. Il inscrivit dans ses textes un certain nombre de recommandations, parfois si évidentes que l'on s'étonne de leur introduction tardive : « Soulager la souffrance des malades, éviter toute obstination déraisonnable dans les investigations ou les thérapeutiques, accompagner le mourant jusqu'à ses derniers moments et assurer, par des soins et mesures appropriés, la qualité d'une vie qui prend fin. »

Indubitablement, les promoteurs des soins palliatifs ont permis de réveiller la conscience médicale dans un secteur négligé. Leur expérience profita aux autres médecins dans la lutte contre la douleur, devenue une obligation légale, inscrite dans la loi de 2001.

Les premières unités de soins palliatifs reçurent alors une unanimité de louanges. Un soutien massif et inconditionnel des autorités politiques, philosophiques et religieuses – sans oublier l'appui des médias : enquêtes, interviews, reportages... Bref, le succès ! À se demander pourquoi on n'y avait pas pensé plus tôt ! Un enthousiasme presque suspect, sans réflexion approfondie, sans se rendre compte que l'on passait ainsi d'une exigence de soins envers tous les médecins à la création d'une nouvelle spécialité. Malheureusement, en médecine, chaque fois que l'on constate une insuffisance, on colmate la brèche en créant une nouvelle spécialité : les médecins ne prennent pas correctement en charge les personnes âgées, on crée la spécialité de gériatrie ; ils traitent mal la douleur, on crée des spécialistes de la douleur ; ils négligent les soins en fin de vie, on imagine une spécialité de soins palliatifs...

L'engouement des politiques de tous bords en leur faveur fut d'autant plus surprenant que, sur le terrain, les réalisations ne suivirent pas. Une dizaine d'années plus tard, on recensait un nombre de lits de soins palliatifs permettant tout juste d'accueillir 1,8 % de la population concernée, alors qu'à la même époque les Pays-Bas pouvaient répondre à 18 % de la demande des patients. Par la suite, le développement fut très lent : entre 1997 et 2007, le nombre d'unités de soins palliatifs est passé de 51 à 81 ! Puis à 132 en 2015, et à 152 en 2019. Le nombre total de lits identifiés dans cette « nouvelle spécialité », y compris les lits dédiés aux agonisants dans les services de médecine, passa de 510 en 1997 à 1 908 en 2005, à 4 800 en 2010[1] et à 7 000 en 2019[2].

Pas de quoi pavoiser pour une solution soutenue par tant de partisans ! Avec plus de 150 000 décès par an seulement pour le cancer, on est très loin du compte. Toutes les missions décidées par le pouvoir politique ont confirmé la carence. Aussi bien celle de 2003 à la demande du ministre Jean-François Mattei que celle

1. Régis Aubry, *État des lieux du développement des soins palliatifs en France. Rapport au Premier ministre*, avril 2011.

2. *Atlas des soins palliatifs et de la fin de vie en France*, deuxième édition, octobre 2020.

de 2005, décidée par Philippe Douste-Blazy, que celle du professeur Sicard à la demande de François Hollande en 2014. Et quelle fut la position du ministre Olivier Véran avant le débat parlementaire sur l'Aide médicale à mourir du 8 avril 2021 ? Pas question de changer la loi, mais la promesse d'un nouveau plan de développement des soins palliatifs ? Le cinquième du genre.

En réalité, le faible développement des lits de soins palliatifs n'est pas seulement lié à un problème financier ou à un manque de volonté politique, il se heurte à deux problèmes majeurs : la diminution du nombre de soignants et la réduction drastique du nombre de lits d'hospitalisation. Deux éléments fondamentaux que j'avais déjà stigmatisés en 2002 dans mon livre, *Tempête sur l'hôpital*[1]. À cette occasion, j'avais annoncé que l'hôpital public serait incapable de répondre correctement à une crise sanitaire. La canicule de 2003 et la crise sanitaire de la Covid-19 en 2020 m'ont malheureusement donné raison. En trente ans, la France a sacrifié 40 % de son capital d'hospitalisation : on est passé de 10,4 lits pour 1 000 habitants à 6,4. J'ai commencé mon activité en 1982 au Centre hospitalier sud-francilien (CHSF) avec la responsabilité de 40 lits de gastro-entérologie. J'ai quitté mes fonctions en 2008 avec... 15 lits. Comment pratiquer la même médecine avec une telle différence ? Comment prendre en charge les malades en fin de vie quand on ne peut même pas répondre à la demande des urgences ? Avec une diminution aussi drastique de notre patrimoine hospitalier, il

1. *Tempête sur l'hôpital*, *op. cit.*

paraît illusoire de croire à une augmentation importante du nombre de lits dédiés aux soins palliatifs dans les années à venir, quand il en manque partout ailleurs pour accueillir les urgences.

Simultanément, pendant ces trente dernières années, les mêmes responsables des hautes autorités de la Santé publique réduisirent de façon incontrôlée le nombre de médecins formés. Si, dans les années 80, on formait 8 000 médecins par an, ce nombre a chuté à 3 500 dans les années 90, pour remonter lentement à 7 500 en 2010. Il reste aujourd'hui inférieur à celui des années 80, malgré l'augmentation de la population, et surtout son vieillissement. D'où l'embauche de médecins étrangers pour combler le déficit – avec des conséquences dramatiques pour les pays africains[1].

La première enquête sur la démographie médicale date de 2001, soit trente ans après l'instauration du *numerus clausus*. Un incroyable pilotage à vue des responsables administratifs et ministériels ! Là encore, compte tenu de la pénurie de médecins, je vois mal se multiplier les postes de médecins destinés aux soins palliatifs et placer cette affectation en priorité des recrutements. Ces deux carences majeures – manque de lits, manque de médecins – expliquent en grande partie l'incapacité des hommes politiques à répondre aux souhaits d'une partie de la population, qui aimerait voir augmenter le nombre de lits de soins palliatifs.

1. Les pays africains paient la formation de leurs jeunes étudiants qui partent ensuite travailler à l'étranger. On évalue à 25 000 le nombre de médecins étrangers en France.

Un temps que l'on pourrait à mettre à profit pour réfléchir à une nouvelle organisation des soins en fin de vie, d'autant que ceux qui président la Société d'accompagnement et de soins palliatifs se sont éloignés de la vision humaniste initiale.

*

Un risque de dérive sectaire ?

Très rapidement, les responsables de la société des soins palliatifs défendirent bec et ongles ce qui est devenu un fief : une idéologie basée sur la défense de la vie à tout prix et une opposition absolue à toute aide médicale à mourir. Pourquoi faudrait-il changer une loi qui leur donne toute satisfaction ? Ils l'affirment : ils s'occupent parfaitement des malades en fin de vie et parviennent à soulager toutes les souffrances. Toutes, sans exception... ou presque ! Il suffirait donc d'étendre leur influence pour que tous les problèmes soient résolus.

Le 10 mars 2018, la présidente de la SFAP, Anne de la Tour, dans un article publié par le quotidien *Le Monde* et intitulé « Défier la mort est plus facile de loin que de près[1] », écrivait :

« Dépénaliser l'euthanasie, ce serait inscrire, au cœur même de nos sociétés, la transgression de l'interdit de tuer. Avant de rompre avec plus de deux millénaires de tradition hippocratique et juridique, comment

1. « Défier est plus facile de loin que de près », *Le Monde*, 10 mars 2018.

ne pas se souvenir que ces socles civilisationnels n'ont pas été dans le passé assez puissants pour empêcher nos criminalités ? » De fait, ces « socles civilisationnels » philosophiques et religieux n'ont pas évité les massacres de l'Histoire – c'est dire leur fragilité ! Pour le reste, l'amalgame est un peu grossier : l'Aide médicale à mourir (ou euthanasie) est l'inverse de la violence d'un individu vis-à-vis d'un autre puisque c'est le malade lui-même qui réclame son droit absolu à exercer sa liberté. Il demande à ses concitoyens de ne pas s'opposer à son libre choix, de ne pas décider ce qui est bon ou mauvais pour lui lorsque sa maladie est incurable et source de souffrances. À ce stade, le malade ne devrait plus être un enjeu idéologique mais un sujet de compassion. Rien d'autre !

La position de la présidente de la SFAP confirme bien que le sujet n'est plus un problème d'écoute du patient mais l'affirmation d'une position doctrinale, source de nombreuses dérives.

En France, dès sa création en 1986, le courant des soins palliatifs a pris une orientation précise sous l'impulsion de Marie de Hennezel. Cette psychologue intégra la première unité, créée à l'hôpital de la Cité universitaire. Grâce à ses nombreux écrits, elle devint rapidement l'égérie incontournable des partisans des soins palliatifs en France et manifesta très tôt son opposition farouche à toute idée d'Aide active à mourir, qu'il s'agisse de l'Aide médicale ou du Suicide assisté. Sa notoriété fut renforcée quand le président

Mitterrand la sollicita à la fin de sa vie[1]. Dès lors, les ministères successifs la chargèrent de missions destinées à répandre la culture palliative. En 2003, le ministre de la Santé de l'époque, Philippe Douste-Blazy, lui commanda une mission sur les besoins de la France en soins palliatifs. Son rapport, remis en 2007 à la ministre suivante, Roselyne Bachelot, répondait alors à ce que l'on attendait d'elle : de bonnes intentions sur la formation des soignants, la nécessité de reconnaître les soins palliatifs comme idéal de prise en charge des malades en fin de vie, ainsi que la création d'une Journée nationale de l'accompagnement, etc. Dans son rapport, elle reproche aux hommes politiques de n'avoir pas tenu leur promesse pour la création des unités de soins palliatifs. Elle reproche aux médecins de ne pas écouter assez leurs malades. Car, pour elle, toute demande d'Aide active à mourir n'est qu'un appel au secours masqué, la manifestation d'une détresse cachée, et il suffit de soulager les douleurs du malade et de le prendre en charge psychologiquement pour que sa volonté de mourir disparaisse. Et si, malgré cela, la demande est réitérée, la faute en incombe aux soignants qui manquent de formation.

Après le vote de la loi Leonetti, Marie de Hennezel traversa la France pour défendre ce texte législatif

1. Il existe une incertitude quant aux conditions réelles de la mort de François Mitterrand. Officiellement, il aurait fait appel aux soins palliatifs en la personne de Marie de Hennezel. Vingt ans plus tard, en 2015, dans la biographie du journaliste Philippe Short, Anne Pingeot révèle que son médecin l'aurait finalement aidé médicalement à mourir : « Dans la nuit [le docteur Tarot] a dû lui donner une injection pour terminer les choses. »

éthiquement discutable. Pour la remercier de son action, elle reçut la Légion d'honneur, remise par Sœur Emmanuelle.

J'ai eu l'occasion de débattre avec elle, entre autres, au cours d'une émission sur RFI. Elle parle toujours d'un ton calme et serein, mais, pour moi, elle campe sur des positions contradictoires : d'un côté, elle accuse les soignants de ne pas appliquer la loi Leonetti, de ne pas écouter les malades et de ne pas chercher à mieux connaître leur désir profond, ce qui n'est pas faux. Mais d'un autre côté, elle-même refuse d'entendre la demande de ceux qui réclament une Aide active à mourir, parce que cette demande va à l'encontre de ses principes[1]. Finalement, on n'entend que ce que l'on veut entendre.

La première dérive des dirigeants de la société des soins palliatifs consiste à affirmer qu'une majorité de malades souhaitent terminer leur vie dans un service spécialisé dans l'accueil des mourants, et d'imposer ainsi un circuit obligatoire. Or, tous les malades ne sont pas demandeurs pour devenir mourants parmi les mourants dans un service « spécialisé ». D'autant plus que, en entrant dans ces unités, il leur est signifié qu'ils ne pourront jamais demander une Aide médicale à mourir. Et si après quatre semaines d'hospitalisation, ils sont toujours là, ils devront quitter le service. J'ai observé plus d'une fois chez des malades qui avaient fait ce choix

1. « Pour ou contre l'euthanasie ? », Denis Labayle, Marie de Hennezel, RFI, 25 septembre 2013.

leurs visages s'assombrir lors du départ vers ces unités, certains refusant même le transfert au dernier moment.

Nombre de malades préféreraient, si c'était possible, rester dans le service de médecine qui les a traités. Ils ont créé des liens d'affection avec le personnel soignant et ne souhaitent pas se retrouver confrontés à une équipe inconnue. D'autres préfèrent rentrer chez eux pour mourir parmi les leurs, mais dans les conditions qu'eux-mêmes ont définies et non dans des conditions qu'on leur impose. D'autres, enfin, ont pris la décision de mourir rapidement et réclament une Aide active à mourir. Certains patients me l'ont dit clairement : « Foutez-moi la paix. Vous ne comprenez pas : je ne souhaite pas être accompagné. Je veux partir. » Contrairement à ce que certains médecins des soins palliatifs affirment, ces citoyens ne sont pas systématiquement déprimés. Ils demandent simplement à partir sereinement. Une décision prise souvent après une réflexion mûrie de longue date. Faut-il être sourd pour nier une telle demande qu'expriment nombre de patients dans les pays voisins où la loi l'autorise ! Si cette demande n'existait pas, pourquoi tant de Français iraient-ils chercher à l'étranger ce que leur pays leur refuse ?

Autre dérive de la Société française d'accompagnement et de soins palliatifs, sa prétention d'être en mesure de soulager toutes les souffrances, physiques comme psychologiques, rendant caduque toute Aide médicale à mourir. Une affirmation bien présomptueuse. L'exercice de la médecine doit rendre modeste. Si des progrès considérables ont été réalisés au cours des trente dernières années, il reste beaucoup à faire, y compris dans le traitement de la douleur physique. Certes, la morphine est un bon antalgique, mais en médecine rien n'est absolu. Malgré ses qualités, elle n'est pas la potion magique. Une même dose peut être un jour salvatrice, et le lendemain inefficace. De plus, la morphine engendre nombre d'effets secondaires qui en limitent parfois la prescription : vomissements, troubles de la conscience, constipation, rétention d'urine, sécheresse buccale, etc. La morphine est devenue un rempart idéologique pour affirmer qu'il suffit de bien traiter la douleur pour que le malade renonce au désir d'en finir. En 2004, devant la commission parlementaire du Dr Leonetti, nombre d'intervenants affirmèrent qu'il était devenu possible de soulager définitivement les douleurs... même ceux qui n'en avaient aucune expérience, tel Nicolas Aumonier, maître de conférences en histoire et philosophie à Grenoble, qui déclara avec assurance : « Lorsque celle-ci [la douleur] subsiste, c'est que la stratégie antidouleur suivie est mauvaise, et qu'il faut la modifier[1]. » Sans commentaire...

Dernière dérive et non des moindres : la défense de « la vie coûte que coûte » aboutit à des situations éthiquement inacceptables. Si les promoteurs des soins palliatifs ont fait prendre conscience au monde médical que la prise en charge des malades en fin de vie relevait bien du rôle du médecin, ils en ont fait une

1. Assemblée nationale, Rapport au nom de la mission d'information sur l'accompagnement de la fin de vie, n° 1 708, tome II, audition du 5 novembre 2003, p. 41-63.

spécialité basée sur une idéologie directement inspirée d'une philosophie religieuse qui défend « la vie coûte que coûte ». Certes, ils se disent opposés à l'acharnement thérapeutique mais, en prolongeant inutilement l'agonie, ils défendent une attitude que l'on pourrait qualifier d'acharnement palliatif.

De nombreux témoignages sont venus révéler cette dérive, défendant des pratiques qui n'avaient plus rien d'humain. J'ai déjà évoqué le calvaire de six jours raconté par la famille d'Hervé Pierra[1] avec ladite méthode pour leur enfant. On imagine ce que peut être la souffrance des familles quand une telle situation se prolonge plusieurs semaines. Les défenseurs de la loi Leonetti accusèrent le médecin traitant de n'avoir pas prescrit suffisamment de sédatifs et de morphine. Peut-être... Mais il est facile de retourner l'accusation contre eux : pourquoi ne pas avoir eu le courage d'aller jusqu'au bout du raisonnement ? Pourquoi ne pas avoir tout simplement et humainement mis fin au calvaire de cette famille et du malade en utilisant une dose suffisante de barbituriques qui aurait permis à ce jeune homme de s'endormir rapidement et paisiblement ? Rien ne justifiait cet attentisme cruel, même s'il est conforme à la loi.

Quant à Vincent Lambert, dont j'ai déjà parlé, il faut se souvenir que, plusieurs années avant que des juges l'autorisent à partir, cet homme en état végétatif fut soumis pendant un mois au protocole préconisé par la Société d'accompagnement et de soins palliatifs, comportant la suppression des apports nutritifs et hydriques. Son corps

1. Danièle Pierra, *Le Choix ultime*, Éditions de L'Atlantide, 2021.

ayant résisté à cette barbarie médicale – il n'y a pas d'autre mot –, les médecins reprirent, devant cet « échec » patent, l'hydratation et l'alimentation pendant de nombreuses années encore. Où est passée l'éthique médicale basée sur la compassion ? Que ceux qui ont maintenu une telle attitude ne donnent plus jamais de leçon à personne...

Lors d'un colloque à l'hôpital Cochin, le Dr Desfosses, chef du service des Soins palliatifs à l'hôpital des Diaconesses, rapporta le cas d'une patiente suivie et traitée par suppression de l'alimentation et par déshydratation : « À partir de juillet, la malade n'a plus que la morphine. Le 8 juillet, on arrête l'alimentation, mais on continue un peu l'hydratation. Le 8 août, on arrête l'hydratation, on fait du nursing. Elle meurt le 26 août. » Silence. « Ce fut long, très long[1]. » De fait ! Deux mois pour faire mourir quelqu'un avec ce protocole, c'est tout simplement inhumain pour la patiente, pour la famille et pour l'équipe soignante. De plus, c'est tout à fait inutile, et scandaleusement coûteux. Mais contrairement à d'autres, le Dr Desfosses eut l'honnêteté de le reconnaître : « Je ne partage pas certains poncifs des soins palliatifs qui disent que si la personne ne meurt pas, c'est qu'elle a quelque chose à vivre. J'ai un sentiment d'insatisfaction d'avoir vu cette patiente souffrir. Les décisions prises en soins palliatifs n'ont pas permis que la mort survienne, alors que la patiente avait, de mon point de vue, vécu au-delà de ce qu'elle souhaitait. » Et ce médecin de s'interroger sur le sens à

1. Éric Favereau, *Libération*, 8 novembre 2005.

donner à ces quinze derniers jours : « D'ordinaire, on apprend en soins palliatifs à donner du sens à cette fin de vie. Là, il n'y en avait pas[1]. »

Depuis, on ne compte plus les témoignages dénonçant les exigences excessives des soins palliatifs pour déclencher la sédation profonde et continue, et leur soutien à une pratique attentiste qui n'a pour but que de prolonger l'agonie.

Le témoignage du Dr Élisabeth Condamines[2], en 2020, confirme, parmi tant d'autres, cette rigidité. Cette femme médecin avait accepté pour son mari, atteint de la maladie de Charcot, des soins palliatifs assurés par une équipe mobile. Elle raconte : « Le 10 août au petit matin, Charles tourne la tête à mon chuchotement, bouge un bras. Je suis terrifiée à l'idée de son réveil. J'appelle le Réseau de soins palliatifs qui me conseille de lui faire un bolus de Rivotril et un spray de morphine. Ils ne se déplacent pas, la prescription est téléphonique. Inquiète, j'appelle SOS Médecins, puis l'infirmière. À une heure d'intervalle, ces deux soignants interviennent auprès du Réseau des soins palliatifs pour signaler les difficultés respiratoires de Charles. Le médecin du Réseau s'oppose à l'augmentation des doses de sédatif et préfère réévaluer les réactions du malade. Et Charles, il préférerait quoi ? Étouffer ? Se voir mourir ? Le médecin de SOS Médecins se retire en avouant : “Si c'était mon père, je ne le laisserais pas comme ça, je l'aiderais.”

1. *Le Monde*, 5-6 février 2006.

2. Site : choisirmafindevie.org, rubrique « Témoignages ».

Mais avec la crainte de poursuites judiciaires, il n'ose pas décider ce qu'il fallait faire. J'ai rappelé le Réseau pour leur dire que Charles étouffait. Pouvait-on le soulager, augmenter les doses de sédatif dans la perfusion sous-cutanée, faire une injection intraveineuse... ? Eh bien non ! “Ce ne serait pas éthique !”, nous a répondu le responsable du Réseau. »

Des témoignages comme celui-là corroborent ma propre expérience, vécue en 2007 lors de la fin de vie de mon père, ou celle de mon frère en 2021. Quinze jours d'agonie pour l'un, un mois pour l'autre.

Avec mon père, j'ai découvert les limites de la prise en charge des équipes de soins palliatifs intervenant à domicile. Théoriquement, ça semble l'idéal ! La réalité est moins engageante. Ces équipes réclament souvent pour intervenir une organisation lourde d'hospitalisation à domicile : elle impose toute une infrastructure de médicalisation à outrance, souvent mal vécue psychologiquement par le malade qui voit sa chambre se transformer en chambre d'hôpital avec l'obligation d'accepter un lit médicalisé, un fauteuil médicalisé... J'ai aussi découvert que le médecin coordinateur de l'association des soins palliatifs ne pouvait prescrire lui-même les antalgiques et les sédatifs nécessaires : il devait passer par le médecin généraliste de la famille, même pour une simple modification de posologie !

Je me souviens d'un samedi matin où je me trouvais à Genève pour une conférence. Je reçus un appel du médecin des soins palliatifs, alerté par l'infirmière, inquiète de voir mon père soumis à un nouvel assaut de douleurs atroces liées à son cancer. « Que dois-je faire ? » me demanda-t-il. Surpris par sa question, je lui répondis l'évidence : « Augmentez la dose. » Il me répondit, gêné, qu'il ne pouvait le faire sans l'accord du médecin traitant. J'insiste : « Appelez-le d'urgence. » J'apprends qu'il est injoignable. De Genève, j'appelle moi-même le pharmacien dont l'officine est proche du domicile de mon père. Comme je le connais bien, il se montre compréhensif. Mais que se serait-il passé si je n'avais pas été médecin ? Si je n'avais pas connu un pharmacien humain ? Mon père aurait souffert jusqu'au lundi matin. Je pestais contre cette organisation bureaucratique qui manquait de souplesse et d'humanité, bien loin de l'idéal annoncé.

Treize ans plus tard, en janvier 2021, j'ai revécu le même cauchemar, en pire, avec le décès de mon frère.

Nombre de témoignages révèlent les conditions inhumaines dans lesquelles un conjoint, un membre de leur famille ou un proche meurent de façon dramatique malgré la prise en charge par une équipe de soins palliatifs devenue doctrinaire.

Certes, il serait mal venu de sous-estimer le dévouement de certaines équipes qui font leur possible pour apporter leur humanité à des patients mourants. Mais comme dans un orchestre, même si beaucoup de musiciens sont excellents, le chef d'orchestre est celui qui donne le *la*. Dans le domaine des soins palliatifs, c'est la Société française d'accompagnement et de soins palliatifs qui le donne, rédige les protocoles, impose les limites juridiques, conseille les politiques. En excluant toute autre pensée que la sienne, elle empêche toute évolution de la loi.

Peut-être est-ce l'occasion de reprendre la réflexion à zéro... Avons-nous pris la bonne direction ? À l'avenir, faut-il multiplier à l'infini les services spécialisés dans la mort ? Est-il sain de former des soignants – médecins et infirmières – à s'occuper uniquement des mourants pendant toute leur vie professionnelle ? Est-ce psychologiquement équilibrant ? N'y aurait-il pas d'autres voies à explorer ? Les unités pilotes réalisées par les pionniers sont-elles reproductibles à grande échelle, avec autant de soignants ayant la même motivation ?

Parmi les nouvelles orientations, ne serait-il pas logique et judicieux de mettre en priorité la formation de l'ensemble du personnel soignant dès le début des études ? Ainsi que d'augmenter le nombre de lits d'hospitalisation en médecine ? Plutôt que de multiplier les services « ghettos », ne serait-il pas préférable de favoriser la collaboration entre soignants au lit du malade, et d'éviter son transfert vers un service inconnu ? Dans cet esprit, les équipes mobiles hospitalières de soins palliatifs sont plus prometteuses. Elles jouent un rôle de conseiller auprès de leurs collègues hospitaliers. Pendant des années, j'ai travaillé ainsi avec l'équipe mobile de soins palliatifs dans l'hôpital où j'exerçais. Nous échangions pour une meilleure connaissance de la situation psychologique du malade déclinant ou pour améliorer l'efficacité d'un traitement antalgique. Mais je restais responsable face au désir du malade. Désir qui l'emportait sur toute considération extérieure. C'était une tout autre conception du traitement palliatif. Mon seul obstacle était le nombre de lits, véritablement insuffisant pour assurer l'accompagnement de tous les mourants.

En ville, il y a beaucoup à faire pour améliorer la situation et éviter l'hospitalisation de la personne en fin de vie à la moindre occasion. Pour commencer, les médecins des unités mobiles de soins palliatifs devraient pouvoir prescrire et disposer des médicaments permettant d'instituer une sédation profonde et continue maintenue jusqu'à la mort, sans appréhension, sans crainte de pénalisation. Aider médicalement les malades qui le désirent à mourir devrait faire partie de leur éthique.

Il est temps de réfléchir à une nouvelle philosophie des soins palliatifs, imaginée dans un esprit plus ouvert, plus à l'écoute des différentes demandes des malades, moins figée dans l'idéologie restrictive de la vie coûte que coûte et du faux respect de la nature. Dans une société humaine, civilisée, laïque, le désir du malade en fin de vie devrait l'emporter sur toute autre considération idéologique ou religieuse. C'est une question de respect envers celui qui va partir.

*

Une dernière réflexion ne concerne pas directement le texte de la loi ni la pratique des soins palliatifs, mais se réfère à un état d'esprit qui les anime et justifie pour certains l'allongement du temps agonique et pré-agonique dans le but de préparer les familles à la séparation et au travail de deuil.

Il y a quelques années, j'ai lu un article écrit par trois médecins des soins palliatifs, Régis Aubry[1], Véronique Blanchet et Marcel-Louis Viallard. Pour justifier leur vision métaphysique de la fin de vie et la prolongation de l'agonie, ces auteurs expliquaient que « ce temps de souffrance est incontournable, inévitable, "inoccultable" ». « Le fait que le patient meure d'un processus naturel est nécessaire au bon déroulement du processus de deuil, dont l'issue est de dépasser la souffrance, de la transcender[2]. »

Ce jour-là, j'ai senti monter en moi une terrible colère contre ces théoriciens qui s'abritaient derrière leur vision angélique de l'existence pour justifier leur attitude attentiste. Ils semblaient tout ignorer de la dureté de la vie. Leurs arguments ne résistent pas aux vécus des uns et des autres. La période où l'on attend la libération du mourant laisse souvent des souvenirs cruels, culpabilisants.

Mon père est mort à quatre-vingt-douze ans d'un cancer généralisé. Selon son souhait et ses convictions religieuses – il était catholique pratiquant –, il fut, comme nous l'avons vu, pris en charge par une équipe de soins palliatifs à domicile. Jusqu'au bout ou presque, il est resté lucide, vivant sa déchéance avec douleur mais résignation. J'avais eu avec lui une relation difficile, en rapport avec l'existence de mon frère avec qui j'ai

1. Président de l'Observatoire national de la fin de vie et membre du Comité consultatif national d'éthique.

2. Médecine palliative, 9 (2), 2010, p. 74 et 77.

partagé ma jeunesse et ma chambre. Je n'acceptais pas le comportement de mes parents à son égard : né en pleine guerre, à la suite d'une grossesse non désirée, mon frère fut rejeté. Je fus témoin bien malgré moi de ce drame familial que j'ai évoqué dans l'un de mes romans, *Tante Gina*[1]. Autoritaire, mon père n'a rien compris à la relation complexe qui me liait à mon frère. Il m'aurait voulu entièrement de son côté, complice, médecin comme lui, agrégé si possible, partageant les mêmes idées politiques et religieuses. Je fus médecin comme il le souhaitait, mais pour le reste nos avis divergèrent sur tout. Il en résulta un silence long de plus de trente années. Un seul coup de téléphone pendant cette longue absence pour s'inquiéter de mon état, car quelqu'un l'avait averti que je déprimais. J'étais en pleine consultation lorsque, entre deux patients, l'infirmière me passa son appel. Je reconnus immédiatement sa voix : « Alors ça va ? On m'a dit que tu n'étais pas en forme », me demanda-t-il de but en blanc. Les conditions de l'appel n'incitaient pas aux aveux, la surprise me rendit muet ou presque. Je me contentai d'un « Oui, ça va ». Ma réponse lui suffit. Il mit un terme à ce faux entretien en m'affirmant : « Bon je préfère ça. Allez, bonne journée. » Et le silence reprit pour des années.

Néanmoins, quand sa maladie se déclara, je fus, en tant que médecin, le plus sollicité de ses six enfants. En échange, j'espérais retrouver la place de fils que je n'avais plus occupée depuis longtemps. Lors de mes visites, j'évitais les sujets qui fâchent, mais lui n'hésitait

1. Julliard, 2006.

pas à les aborder, gardant toute sa vigueur pour rappeler son soutien inconditionnel à l'Église catholique, sa croyance en Dieu et son opposition farouche à l'avortement. Je l'avais toujours senti plus religieux que croyant, la société ne pouvant se passer, pour lui, d'un socle de principes indispensables à son équilibre et à sa pérennité. J'aurais préféré parler avec lui de la pluie et du beau temps, mais il tenait absolument à me rappeler ses convictions, peut-être dans un dernier espoir de me convertir. Pourtant, j'avais espéré qu'avec l'approche de la mort nous aurions l'occasion de nous rapprocher.

Il y eut des moments calmes et des moments plus durs. Il n'était pas question, bien sûr, d'évoquer avec lui une quelconque Aide active à mourir. Il souhaitait rester à son domicile avec le soutien d'une équipe de soins palliatifs et la visite du curé de la paroisse. Fidèle à mon éthique médicale, j'ai répondu à ses désirs – je n'étais pas là pour imposer mes idées. Parfois, je le trouvais plus disposé à parler. De tout, de rien. Mais un jour, notre relation bascula de nouveau. La maladie gagnait du terrain et je le voyais se décharner progressivement ; je sentais que cette retraite face à l'ennemi blessait son orgueil de montagnard, effritait le roc qu'il avait toujours été. Et cette prise de conscience le rendait sombre.

Je lui rendis visite un samedi après-midi, après mon passage à l'hôpital. Quand j'arrivai en bas de l'immeuble, je rencontrai l'une de mes sœurs, celle avec laquelle j'avais le plus d'affinités. J'étais content de la trouver, certain que sa présence rendrait la visite plus légère. Une infirmière que je ne connaissais pas nous ouvrit la porte et se retira pour nous laisser pénétrer dans la chambre du malade. Il était assis au bord du lit, les jambes nues, maigres, pendantes, la tête baissée, semblant concentré à lutter contre le mal qui le rongeait. Je lui demandai : « Alors, comment ça va ? » Il se redressa et me jeta un regard de loup traqué que je n'oublierai jamais : « Ça va, me dit-il. Et ça t'emmerde, hein ? » La violence du propos me laissa sidéré, statufié, incapable de réagir. Ma sœur, témoin de la scène, le réprima : « Vous n'avez pas le droit de dire des choses pareilles. » Après avoir quitté sa chambre, je me contentai de vérifier son traitement avec l'infirmière, puis je repartis sans lui dire au revoir. Ce jour-là, je l'avoue, j'aurais préféré que mon père décède quelques jours plus tôt et ne me laisse pas le souvenir d'une phrase qui me brûla longtemps comme un fer rouge.

Je mis des années à comprendre que son attitude de rejet envers ses fils n'avait été que la réplique de ce qu'il avait vécu lui-même avec son propre père. Mon grand-père, que je n'ai pas connu, lui avait coupé les vivres à dix-huit ans, l'avait déshérité sans raison officielle ; et peu de temps avant sa mort, alors que mon père venait lui rendre une dernière visite en signe de réconciliation, il lui avait dit d'un ton hargneux : « Si t'es revenu, c'est que je vais mourir. »

J'ai mis encore plus d'années avant de comprendre que ce qu'il m'avait craché à la figure ne m'était pas vraiment destiné mais s'adressait probablement au fantôme de son père. J'avais depuis longtemps émis l'hypothèse, compte tenu du comportement excentrique de sa mère, qu'il était un enfant naturel, né d'une union secrète, ce qui pouvait expliquer le rejet de son père. Quelques mois avant de mourir, il m'avait avoué : « Si j'avais été un bâtard, mon père ne m'aurait pas traité autrement. » Chaque famille cultive ses secrets. Il m'a fallu du temps pour ajuster les pièces du puzzle familial, mais ceci est une autre histoire.

L'agonie de mon père dura trois semaines, pendant lesquelles il reçut de la morphine et des sédatifs à dose calculée selon la loi. Il sortait parfois d'une somnolence pâteuse et moi, médecin, je ne parvenais pas à évaluer, derrière ses gémissements étouffés, son degré de souffrance. Moi qui ai accompagné des centaines de malades en administrant ces mêmes drogues, mais à forte dose, je doutais encore parfois du résultat et du ressenti réel du patient. Même chez le malade inconscient et sous morphine, la douleur ne démissionne pas si facilement, et la conscience tente parfois un dernier assaut. Comment savoir ce qui se passe dans un corps drogué ? Personnellement, j'ai regretté que le médecin qui s'est occupé de mon père ne l'ait pas libéré plus rapidement d'une situation où il perdait chaque jour un peu plus de cette dignité à laquelle il était si attaché. Décharné, ne pouvant plus s'alimenter depuis plusieurs semaines, inconscient par moments, la conscience engourdie à d'autres. Les quinze derniers jours, passés dans un demi-coma artificiel, dans une non-vie chimique, ont été absolument inutiles pour lui et pour sa famille qui se demandait quand viendrait enfin sa libération. Mon père était opposé à toute aide active au départ, j'ai donc respecté sa volonté, mais je ne souhaite ni pour moi ni pour mes proches un tel gâchis. La bonne conscience peut être terriblement cruelle.

4

La liberté pour les autres

Depuis une vingtaine d'années, l'idée que la loi doit permettre au citoyen de vivre sa fin de vie selon son seul désir gagne du terrain... à l'étranger. Sans faire un constat exhaustif de la situation internationale, on est frappé par l'augmentation régulière du nombre de pays qui, au cours des dernières années, se sont engagés dans la légalisation de l'Aide active à mourir sous une forme ou sous une autre.

L'Aide active à mourir est une terminologie générale. Elle englobe d'une part l'Aide médicale à mourir – c'est-à-dire l'aide faisant appel à la présence active d'un médecin, comme en Belgique, en Hollande, au Canada ou en Espagne – et, d'autre part, le Suicide assisté, appelé également Mort assistée, où l'acte létal est déclenché par la personne elle-même, comme c'est le cas en Suisse ou en Oregon. Dans la première situation, le rôle du médecin reste prépondérant ; dans la seconde, ce sont des bénévoles qui fournissent au malade les moyens pour l'aider à mourir dans les meilleures conditions (consultation médicale, consultation psychologique, lieu d'accueil, documents administratifs, médicaments...). Toutefois, même dans ce dernier cas, la loi prévoit de faire appel à un médecin pour évaluer la validité de la demande et pour prescrire le médicament nécessaire à la sédation létale.

Qu'il s'agisse de l'Aide médicale à mourir ou du Suicide assisté, l'objectif reste le même : éviter des souffrances inutiles, permettre au malade de partir sereinement avec, si possible, un maximum de confort psychologique, si possible à son domicile, entouré de ses proches. En France, 75 % des malades meurent en institution[1], souvent dans la solitude de la nuit. Aux Pays-Bas, 80 % de ceux qui demandent l'Aide médicale à mourir meurent à leur domicile.[2]. J'ai entendu nombre de témoignages de médecins qui décrivent l'ambiance pleine d'émotion mais aussi de sérénité dans laquelle se déroule cet événement fondamental de la vie. La veille, de nombreux patients partagent un dernier repas avec leurs proches. Très souvent, les enfants qui ont mal ressenti la décision de leur parent finissent par l'accepter, par simple respect de leur choix, et le moment venu l'entourent de leur présence affectueuse.

Étrangement, dans un même pays, la loi peut accepter une orientation et refuser l'autre. Ainsi, la Hollande et la Belgique autorisent l'Aide médicale à mourir et refusent

1. INSE focus n° 95, 12 septembre 2017.

2. Alliance VITA, Bilan de l'euthanasie aux Pays-Bas de 2001 à 2020, 21 avril 2021.

le Suicide assisté. À l'inverse, en Suisse ou en Oregon, seul le Suicide assisté est légalement reconnu.

Que l'orientation aille dans un sens plus médical (Aide médicale à mourir) ou dans une pratique plus autonome (Suicide assisté), la loi repose dans tous les cas sur un certain nombre d'exigences communes. Contrairement à ce que prétendent les opposants, il ne s'agit jamais de répondre au désir d'en finir sur un simple coup de tête. Les lois restent rigoureuses, tant sur les circonstances de la demande que sur les conditions de l'aide.

Dans tous les cas, et c'est un point fondamental, la démarche initiale doit venir de la personne concernée, et d'ELLE SEULE. Il s'agit d'une décision strictement individuelle, qui ne peut être influencée ni par un familier, ni par un médecin, ni par une institution, encore moins par une autorité extérieure. Bien sûr, jamais pour une raison économique. C'est hors sujet. Cette exigence absolue met un terme aux craintes injustifiées des opposants qui y voient l'amorce d'un eugénisme général, pour ne pas dire d'un génocide générationnel. Une prédiction brandie sans autre justification que créer la peur et empêcher de légiférer. Le caractère absolu de la démarche strictement individuelle bannit définitivement toute dérive sociétale. Et, de fait, jamais une telle dérive n'a été observée dans les pays qui ont libéralisé l'Aide active à mourir depuis une vingtaine d'années. En revanche, la vraie dérive consiste à faire fi de l'avis du patient – une dérive que j'ai connue autrefois à l'hôpital, et que favorise la clandestinité.

Ensuite, pour être acceptée, la demande doit être réitérée plusieurs fois auprès d'un médecin, souvent avec la participation d'un psychiatre.

Enfin, la personne qui fait cette démarche doit être atteinte d'une maladie grave incurable. Dans certains pays, il est précisé que la maladie doit être à évolution mortelle à plus ou moins brève échéance.

Quant au caractère incontrôlable des douleurs, encore parfois demandé, il n'est plus toujours requis, tant cette exigence ambiguë et discutable est difficile à évaluer et dépend du ressenti de chacun.

La transparence est de règle. Les lois imposent à celui qui assiste le patient, qu'il soit médecin ou bénévole associatif, la rédaction d'un rapport afin de vérifier le respect des critères de sélection. Elle punit les contrevenants.

Chaque loi ajoute ensuite ses propres limites, mais toujours avec rigueur. On est loin d'une « distribution gratuite de pilules mortelles dans toutes les mairies », comme me l'a prédit un médecin des soins palliatifs au cours d'une émission « C dans l'air ». Le refus d'entendre le désir de l'autre provoque chez certains débatteurs des excès de langage qui frôlent le ridicule.

Les pays pionniers de cette évolution sociale sont maintenant bien connus : la Hollande, la Belgique, le Luxembourg. Les deux premiers ont légiféré il y a vingt ans. Bien que les Belges soient peu nombreux à demander l'Aide médicale à mourir (2,5 %)[1], 80 % de la population souhaite le maintien de la loi, car la possibilité d'y recourir réduit l'angoisse d'une agonie douloureuse. Que de mensonges ai-je entendu, à propos de nos voisins, de la part des opposants à tout changement de la

1. Rapport de la CFCEE, 2020.

loi ! Selon eux, les médecins belges seraient devenus des exécuteurs barbares. Or, la plupart de ces médecins ont parfaitement intégré l'Aide médicale à mourir dans leur pratique et dans leur éthique, tout en reconnaissant la charge émotionnelle que représente une telle participation. J'ai voulu avoir le témoignage non pas d'un militant de la première heure mais d'un médecin libéral exerçant depuis de nombreuses années à Bruxelles : le Dr Yves de Locht.

L'homme a la soixantaine, le sourire avenant. Je l'ai connu lors de débats publics. Il est devenu défenseur de la loi, un peu comme moi, du fait des événements. Comment ce médecin généraliste a-t-il vécu l'introduction officielle de cette responsabilité nouvelle ?

« Je n'ai jamais pratiqué d'acte d'euthanasie avant 2011, me dit-il. Dès l'apparition de la loi, en 2002, j'ai suivi des cours organisés par le consortium LEIF-EOL, qui enseigne tous les aspects techniques et psychologiques qui permettent de rendre la fin de vie plus digne, tout en respectant la variété des choix des patients. Tout, y compris les soins palliatifs et l'euthanasie... Lutter contre la souffrance a toujours été au centre de ma pratique médicale. J'ai vu autrefois trop de patients en fin de vie souffrir atrocement malgré les moyens mis à notre disposition. Les familles et le patient lui-même nous mettaient la pression : “Docteur, faites quelque chose.” »

Et puis j'ai vécu la longue agonie de mon frère en 1992, mort du sida. Il souffrait, et devenait un cadavre ambulant. Il a été hospitalisé dans un grand hôpital universitaire et j'ai été très sensible au fait qu'ils aient accepté de l'aider à mourir.

Néanmoins, c'est plus tard seulement que je fus impliqué dans une telle situation. Un jour de 2011, un collègue m'a demandé si j'accepterais d'aider médicalement à mourir l'un de ses patients qui le suppliait d'agir. Ce collègue travaillait dans une maison de retraite dont la directrice était opposée à la loi et l'aurait licencié. J'ai accepté, à condition de ne pas être seul. J'ai fait appel à un autre soignant, Patrick Rossignol, qui exerce lui aussi à Bruxelles.

Le patient en question était un prêtre catholique atteint de la maladie de Parkinson. J'ai longuement parlé avec lui. Sa demande était récente mais très claire. Il a justifié sa position en m'expliquant : « Ma foi, c'est une chose. Ma santé, une autre. » Nous avons beaucoup échangé sur le sens de la souffrance, le sens de la vie, le rôle de la religion. Sur la fin de vie, il était en désaccord avec le Vatican et me répétait : « Mon corps, c'est mon affaire. » Il ne croyait pas à l'effet rédempteur de la souffrance. Il comprenait ces groupes de catholiques qui, en Belgique, avaient été partisans de l'euthanasie et qui ont été, je crois, excommuniés par le pape.

Le Dr Yves de Locht ajoute, avec un sourire amusé : « Certains de tes compatriotes, catholiques français, m'ont promis que j'irai en enfer. Franchement, ça ne me dérange pas, je suis sûr d'y retrouver tous les gens que j'aime bien et qui aiment rigoler... Mais revenons à ce prêtre malade. Le jour choisi par lui, nous nous sommes rendus – Patrick Rossignol, une infirmière et moi – dans la maison de retraite. Nous avons rappelé à la directrice qu'elle ne pouvait s'opposer à la loi. Elle nous a laissés faire. J'étais très stressé. Heureusement, je n'étais pas seul. Et de toute façon, par la suite, je ne serais jamais seul quand je ferais une euthanasie : on sera toujours deux médecins. Voilà, ce fut ma première Aide médicale à mourir. À compter de ce jour, j'ai intégré cette pratique à mon rôle de médecin. Il me semble maintenant naturel, éthique, de suivre mes patients jusqu'à leur fin et de répondre à leur demande. En revanche, il m'est de plus en plus difficile d'accueillir les malades qui viennent de l'étranger, en particulier de France. Il a suffi que j'accepte de faire plusieurs conférences dans le nord de la France, pour que les malades affluent. Malgré ma bonne volonté, je ne peux répondre à toutes ces sollicitations, juste parce que vous, Français, vous n'avez pas eu le courage de voter une loi de liberté. Il serait temps que votre pays prenne ses responsabilités. Autour de moi, j'observe la même réaction chez mes confrères belges. Mon épouse a très peur qu'un jour des enfants de patients français me fassent un procès. Toutes les mises en examen – heureusement peu nombreuses depuis le vote de la loi – se sont toujours soldées par un non-lieu pour les médecins. Mais un jugement reste une source de soucis inutiles. Et puis je vieillis, et la charge devient trop lourde. Je me limite actuellement à une aide par mois. » Il ajoute, songeur : « Mais je ne peux abandonner. Je trouve toujours très impressionnant d'être face à un malade qui continue à souffrir malgré les soins apportés. »

Je lui demande si, pour mieux supporter cette responsabilité, il prend le temps de partager son expérience avec d'autres médecins, s'ils en discutent en groupe, avec l'aide d'un psychologue. Il me répond : « Avant la loi de 2002, je ne parlais de cela à personne, je ruminais dans ma solitude. Aujourd'hui encore, la mort reste un sujet tabou chez les médecins belges. Quand je veux en discuter avec d'autres, ils me disent : "Parlons d'autre chose." La formation que j'ai suivie autrefois m'est très utile pour aider le patient à gérer sa fin de vie. Le médecin n'en reste pas moins seul quand il doit résoudre certaines situations douloureuses. Il faudrait nous former plus tôt, aborder les sujets de la souffrance et de la mort dès le début de nos études de médecine. Aujourd'hui, quand j'enseigne à de jeunes médecins, je leur dis : "Mettez-vous toujours à la place de celui qui est en face de vous." Se mettre à la place évite de raconter bien des bêtises. En réalité, ce qui m'équilibre le plus est d'écrire. J'ai publié mon premier livre en 2018[1], et le second vient de sortir[2]. En écrivant, j'aborde au mieux mon ressenti. »

Quand je lui demande ce qui, finalement, différencie les Belges et les Français face à la fin de vie, il sourit et me lance : « En France, votre loi Leonetti, c'est encore la toute-puissance du médecin. En Belgique, notre loi sur l'euthanasie, c'est la toute-puissance du patient. »

Pour conclure, je lui demande s'il a peur de la mort. Il me répond : « Non, franchement, je n'ai pas peur de la mort, mais, comme beaucoup, j'ai peur de la souffrance avant la mort. Heureusement, je compte sur mes amis pour m'aider le jour venu. Je viens d'un milieu

1. *Docteur, rendez-moi ma liberté*, Michel Lafon, 2018.

2. *Maintenant qu'ils ne sont plus là*, avec Guylaine Lietaert, Ker éditions, 2020.

catholique mais, avec l'exercice de ce métier, je suis devenu athée. »

Pour mieux comprendre le fonctionnement de mes amis belges, j'ai assisté à une session de formation du consortium LEIF-EOL, qui aborde toutes les situations rencontrées en fin de vie. Étaient présentes dans la salle une petite centaine de personnes, des médecins, des infirmières, des assistantes sociales... et tout ce monde échangeait avec simplicité, souvent avec une grande émotion. Ceux qui en avaient l'expérience expliquaient leur vécu. Aider médicalement les malades à mourir n'est jamais simple. Certainement pas l'exercice gratifiant d'un quelconque pouvoir. La mort gagne toujours. On peut seulement en atténuer la perfidie.

Je découvris combien la loi belge est exigeante : le médecin doit rédiger l'ordonnance, aller lui-même chez le pharmacien chercher les médicaments, avancer l'argent, choisir le jour avec le malade, s'assurer de sa volonté d'aller jusqu'au bout, prouver la confirmation réitérée de son désir, intégrer la famille dans cette démarche, se rendre au chevet du malade, s'assurer une dernière fois de sa dernière volonté, puis l'accompagner jusqu'à la fin. Le geste accompli, il doit remplir un dossier administratif, justifiant le respect des critères légaux.

Les médecins présents à cette formation exprimaient avec humilité à la fois leur stress et leur satisfaction de remplir leur rôle de soignant. Je me souviens que l'un d'eux, un petit homme maigre d'une quarantaine d'années, racontait son appréhension la première fois qu'il avait aidé un malade à mourir.

« À ma grande surprise, quand je me suis assis à son côté, il m'a dit avec un calme étonnant : "Je vous remercie d'être venu. J'avais peur qu'au dernier moment vous hésitiez." Depuis longtemps, je n'avais pas vu sur son visage une telle sérénité. La famille attendait dans la pièce d'à côté. Le malade m'a dit qu'il préférait rester seul avec moi. Peu de temps avant, il avait dit adieu à ses filles, les avait serrées longuement dans ses bras. La veille, ils avaient bu ensemble du champagne. Comme je lui demandais une nouvelle fois s'il était toujours aussi déterminé, il m'a répondu : "Ces derniers mois, j'ai eu largement le temps de réfléchir. Les journées ont été longues, très longues." Il m'a regardé agir, mettre en place la perfusion, rassembler les médicaments dans une même seringue et les injecter dans le flacon de sérum. Je me suis assis à son côté, lui ai tenu la main et, quand il m'a fait un petit signe de tête pour me confirmer son accord, j'ai manœuvré la petite roulette placée sur la tubulure de la perfusion, et nous avons suivi ensemble la pénétration du liquide dans ses veines. Il s'est endormi progressivement, puis plus profondément jusqu'à son dernier soupir.

» Lorsque je suis ressorti de la pièce après avoir rangé mes affaires, je me suis retrouvé face à une famille à la fois en pleurs et rassurée, me remerciant d'avoir accepté de répondre à la demande de leur père. Pendant que je remettais mon manteau, l'une des filles m'a demandé : "Ça va, docteur ? Vous êtes un peu pâle, vous tenez le coup ? Vous ne voulez pas un petit remontant ?" Je les ai quittés, troublé par ce que je venais de vivre, mais certain que j'avais pleinement rempli mon rôle de médecin, au service de mes patients. » Il termina son témoignage en affirmant : « C'est un acte difficile mais totalement humain. Ça ne se discute pas. Maintenant que la loi reconnaît sa valeur humaine, nous sommes protégés. »

S'ensuivit un échange facile entre les participants. Jamais, en France, je n'avais assisté à un tel partage. Jamais, moi-même, je n'avais pu échanger avec d'autres sur mon expérience sur l'aide apportée aux malades que j'avais accompagnés jusqu'au bout. Jamais je n'ai pu évoquer avec d'autres, comme ce médecin belge, ce mélange d'émotion profonde, de compassion, mais aussi de satisfaction secrète d'avoir assumé complètement mon rôle de médecin.

De cette réunion de formation en Belgique, je suis ressorti avec beaucoup d'admiration pour la maturité éthique de mes collègues belges. La société française, toujours convaincue de son avancée en matière de droits de l'homme, a beaucoup à apprendre de ses voisins.

Un autre médecin belge, le Dr François Damas, réanimateur, qui a ouvert une consultation pour la fin de vie au Centre hospitalier de Liège, insiste : « L'Aide médicale à mourir n'est pas une prescription qui se fait à la légère, c'est l'aboutissement d'un chemin relationnel. » Il reconnaît : « On pourrait penser qu'en Belgique, avec la loi, le problème est définitivement résolu. Ce n'est pas tout à fait le cas. Pour moi, la réduction du "mal mourir" peut encore être améliorée. Les circonstances dans lesquelles le malade doit affronter sa fin de vie sont très variées : le problème que pose un malade atteint d'un cancer étendu, et qui sait sa fin proche, est complètement différent de celui posé par un patient souffrant d'une maladie neurologique dégénérative invalidante, à évolution lente. Les souffrances peuvent être aussi intenses, mais leurs durées dans le temps rendent leur approche différente. En Belgique, quelles que soient les circonstances de la demande, insiste-t-il, la relation médecin-malade est primordiale. La loi dit qu'on a le droit de demander l'euthanasie, mais elle ne dit pas que c'est un droit. Pour que la demande soit reçue, il faut que la personne fasse un chemin partagé avec son médecin. »

Selon la loi, il faut l'avis d'un deuxième médecin pour vérifier si les trois exigences de la loi sont bien remplies : maladie incurable, souffrances physiques et/ou psychiques, demande personnelle, réitérée, sans pression extérieure...

« Mais ce n'est pas suffisant, précise François Damas. La personne doit convaincre son médecin que cet acte est le dernier service qu'il peut lui rendre, qu'en l'aidant à mourir il continue à prendre soin d'elle, qu'il fait de l'euthanasie un acte médical. Il faut qu'ensemble médecin et malade tombent d'accord pour considérer que cette solution est la meilleure. Pour cela, il faut instaurer une réelle alliance. Aux malades qui viennent à ma consultation, je pose comme première question : "En avez-vous parlé à votre médecin traitant ?" Beaucoup me répondent non, je leur demande de commencer par là. L'euthanasie ne se limite pas à un geste létal. C'est la construction lente d'une alliance entre le malade et son médecin, la construction d'un dernier partage. Ça demande du temps, le temps de bâtir ensemble un dernier parcours de vie, qui aboutira éventuellement au geste létal. Il faut aussi faire en sorte que l'acte soit accepté par la famille et par l'équipe soignante. On ne devrait plus mourir seul mais, chaque fois que possible, entouré des siens. Plus l'alliance du malade avec sa famille est forte, plus l'acte est apaisé, et le malade part avec le sourire... Ce dernier sourire est le plus beau cadeau qu'il nous fait, et cela se produit souvent dans les cas d'une euthanasie bien conduite. »

Quand on écoute ces médecins belges ou néerlandais évoquer leur vécu, on est surpris par le contraste entre leur humilité et l'arrogance de certaines instances médicales françaises. Le plus désolant est que l'expérience de nos voisins, datant pourtant de plus de vingt ans, ne suffit pas à convaincre, et nourrit à peine notre réflexion.

Quels que soient les arguments des détracteurs de la loi belge, ils ne peuvent nier une réalité : chaque année, des centaines de Français souhaitent aller en Belgique pour mourir plus humainement. Aucun étranger ne vient en France pour mieux mourir.

*

En Suisse, l'objectif reste le même : aider activement les malades en fin de vie à partir sans souffrance. Mais la méthodologie est différente. L'acte létal n'est pas effectué par un médecin, mais déclenché par le malade lui-même en présence d'un médecin ou d'un bénévole. D'où la terminologie choisie, « Suicide assisté ». Une terminologie prise en défaut par *Le Petit Robert* qui définit ainsi le mot « suicide » : « Action de causer volontairement sa mort pour échapper à une situation psychologique intolérable[1]. » Or, la majorité des malades qui se rendent en Suisse pour obtenir une mort assistée ne sont pas dans une situation psychologique intolérable. Leur démarche est souvent la conséquence d'une longue réflexion, d'un désir d'en finir avec une situation qui, pour eux, ne justifie plus la poursuite de la vie. Le mot « suicide » n'est donc pas tout à fait conforme à la réalité, mais il s'est tellement inscrit dans l'esprit du public et des médias qu'il devient difficile d'imposer un synonyme plus proche de la réalité, comme « Mort assistée » ou « Autodélivrance ».

Dans l'Antiquité, l'autodélivrance était considérée par certains comme preuve de sagesse, et non de mélancolie. Le philosophe Sénèque distingue bien les cas où le suicide est condamnable car lié à l'impulsivité, et les cas où il est preuve de maturité. À l'époque romaine, la possibilité du suicide était intégrée à la vie. On retrouve cette attitude dans bien d'autres civilisations (Grèce antique, Japon, Sibérie...), où les personnes âgées s'isolaient quand venait le temps de mettre fin à leur vie[2].

Il faut modifier notre façon de considérer le désir d'une mort assistée comme une manifestation de désespoir. Certaines religions ont criminalisé le suicide. Pendant des siècles, l'Église catholique a refusé d'enterrer religieusement les suicidés parce qu'ils avaient commis « un

1. *Le Petit Robert*, 2017, p. 2 455.

2. Film de Shōhei Imamura, *La Ballade de Narayama*, Palme d'or au Festival de Cannes 1983.

crime ». Il a fallu attendre la Révolution française pour que le suicide soit décriminalisé. Seule l'incitation au suicide reste condamnée.

Le suicide n'étant plus considéré juridiquement comme un crime, celui (ou celle) qui assiste la personne désirant partir ne peut plus être accusé de complicité d'un « non-crime ». C'est sur ce même vide juridique que, dès 1982, la Suisse a « toléré » l'assistance apportée par des associations à des personnes malades souhaitant mourir pour mettre fin à leurs souffrances. Je dis bien « toléré », car la réalité est plus complexe.

S'il existe un même vide juridique en France depuis la Révolution française, la loi de 1954 sur la non-assistance à personne en danger a empêché le développement chez nous d'une évolution semblable à celle de la Suisse.

Depuis 1948, dans la Confédération helvétique, le droit au suicide assisté est considéré comme un droit humain, auquel chaque malade doit pouvoir recourir à partir du moment où il en fait la demande. En 1982, devant l'opposition du corps médical, Exit, une association composée de bénévoles, décida de s'organiser sans la participation directe de médecins. Néanmoins, elle y a recours pour la consultation initiale prévue pour s'assurer de la validité de la demande et pour la prescription du médicament. Elle limita son action aux seules personnes d'origine suisse.

Un avocat, Ludwig Minelli, estimant qu'il n'était pas juste que les étrangers ne puissent profiter de la loi suisse, fonda une autre association, Dignitas. Depuis, d'autres associations se sont formées : Ex International, installée à Berne, qui s'adresse presque uniquement aux étrangers, et la dernière-née, Life Circle, présidée par un médecin, le Dr Erika Preisig.

J'ai rencontré Erika Preisig, une femme médecin généraliste, âgée d'une soixantaine d'années. Les cheveux courts, le visage plutôt fin, le sourire avenant, elle m'a révélé une réalité suisse assez différente de celle que l'on m'avait vantée. Pendant vingt et un ans, elle a d'abord travaillé au sein d'une équipe mobile de soins palliatifs. « Puis j'ai changé d'orientation, m'explique-t-elle, quand j'ai constaté que plusieurs malades avaient vécu une très mauvaise fin de vie avec les soins palliatifs. Je me suis dit : “Jamais ça pour moi.” J'ai vu aussi mon père vouloir se suicider à la suite de deux accidents vasculaires cérébraux. Il a tenté de le faire seul avec des médicaments, mais il s'est réveillé trois jours plus tard. Devant cet échec, il a voulu se jeter sous un train. J'ai alors pris contact avec l'association Exit, mais les représentants ont refusé de l'aider sous prétexte que son adhésion à l'association datait de moins de six mois ! Je me suis adressée alors à Dignitas, qui a accepté. Mon père est mort un mois plus tard, à son domicile, sans souffrances, dans mes bras. Ce fut pour moi un changement complet d'opinion envers les soins palliatifs. Nous étions en 2005, et j'avais quarante-sept ans. Aujourd'hui, je pense qu'il y a deux chemins pour la fin de vie : les soins palliatifs et la mort assistée. L'essentiel est de répondre à la demande des malades. »

Erika Preisig me décrit ensuite les conditions dans lesquelles elle exerce. Un contexte assez différent de la rumeur qui présente la Suisse comme un havre de liberté.

« Il existe un mythe qui fait croire que, chez nous, la mort assistée s'obtient sans difficulté. En réalité, ce n'est simple ni pour les patients ni pour les associations. D'un côté, la loi précise par l'article 1 015 que le médicament utilisé, le Pentobarbital, doit être prescrit par un médecin ; de l'autre, les médecins refusent de le prescrire parce que leur Conseil de l'Ordre est opposé à la loi. Ainsi, le droit dit oui, les médecins disent non. »

Je cherche ensuite à savoir en quoi son association se distingue d'autres associations comme Dignitas, sachant que l'on a beaucoup reproché à cette dernière une exigence financière qui sélectionne les malades ayant les moyens de payer : 10 000 euros, m'a-t-on dit. Cette somme correspond essentiellement à des frais de consultations, de crémation et de transport, se défendent les responsables.

« Je connais bien Dignitas, confirme-t-elle, pour y avoir travaillé comme médecin consultant pendant six ans, à partir de 2006. Des patients venaient de très loin, même d'Australie, juste pour obtenir le droit de mourir assisté. C'est pour cette raison que j'ai créé Life Circle en 2012. Mon but est non seulement d'aider les personnes qui le demandent, mais aussi de soutenir les associations qui, à l'étranger, militent pour obtenir dans leur pays la légalisation de cette liberté. Hormis cet objectif, pour moi essentiel, mon action est proche de celle de Dignitas, à quelques nuances près. Dignitas exige deux consultations médicales faites par un même médecin, nous demandons deux consultations médicales réalisées par deux médecins différents. Exit et Dignitas proposent de prendre le Pentobarbital par la bouche, notre association le propose par voie intraveineuse, car ce médicament est très amer et difficile à absorber. Dans mon association, un médecin et/ou une infirmière sont présents, ne serait-ce que pour poser la perfusion et la surveiller. Enfin nous filmons toujours la personne au moment où elle confirme son désir de partir. Nous lui posons toutes sortes de questions sur ses motivations. C'est très utile sur le plan juridique. Nous arrêtons de filmer quand commence la perfusion. Enfin, dernière différence : j'essaie de prendre en charge toutes les personnes qui le demandent, en adaptant les frais aux ressources des patients. » Elle ajoute : « Avec Dignitas, nous nous confrontons aux mêmes difficultés pratiques, ne serait-ce que pour se procurer du Pentobarbital, car nombre de pharmaciens refusent d'en vendre. Une pharmacienne, plus ouverte que d'autres au problème de la fin de vie, m'en avait fourni un stock. La police a fait une descente à son officine, elle a dû fermer. Depuis, je dois me rendre moi-même chaque fois à la pharmacie pour chercher le médicament, munie de la permission écrite de la personne qui souhaite être aidée à mourir. Si je ne parviens plus à me procurer du Pentobarbital, je serai obligée de faire un recours juridique. Nous sommes donc dans une situation beaucoup plus complexe que les gens ne l'imaginent. De plus, il n'est pas facile de trouver des médecins et des infirmières qui acceptent de nous aider. J'avais trouvé un collaborateur, mais il est mort brutalement d'une hémorragie cérébrale à quarante ans. En fait, depuis son décès, c'est moi le médecin consultant permanent. Comme vous le voyez, tout cela est très fragile. »

Quand je lui demande s'il n'est pas trop décourageant d'être confronté à tant d'obstacles, elle répond sans hésiter : « C'est très dur ! D'autant que j'ai été mise en examen, il y a trois ans, et que le jugement est toujours en cours. Et tout cela, pourquoi ? Parce que j'ai aidé une femme qui souffrait depuis plusieurs dizaines d'années d'une dépression endogène dramatique qui la menait à l'hôpital psychiatrique tous les trois mois. C'était pour elle une souffrance terrible. Elle est venue me demander mon aide. Sa démarche était très claire. Je l'ai jugée tout à fait capable de discernement. J'ai cherché une confirmation auprès des psychiatres, mais personne n'a voulu m'aider. Dans notre société, on accepte facilement le caractère intolérable de la souffrance physique, mais on refuse souvent de reconnaître le caractère destructeur de la souffrance psychologique. Je suis convaincue que si je n'avais pas répondu à la demande de cette femme, elle se serait suicidée de façon violente. Nous avons plusieurs exemples de ce genre, qui se sont très mal terminés parce que la mort assistée leur avait été refusée. En première instance, j'ai été jugée coupable. J'ai donc fait appel. Le plus étonnant est que, malgré ma mise en accusation, j'ai le droit de poursuivre mon activité de généraliste et je continue à aider mes concitoyens à mourir. »

Le 7 mai 2021, le tribunal cantonal de Bâle a acquitté Erika Preisig, en annulant le jugement du tribunal civil de Bâle-Campagne qui l'avait condamnée en première instance.

Si les tracasseries judiciaires qui ont duré trois années l'ont rendue insomniaque, lui ont provoqué des attaques de panique et lui ont fait perdre ses cheveux, elle n'a pas cédé pour autant : « Même si je voulais arrêter, me dit-elle, je ne le pourrais pas. Il y a trop de souffrances à soulager que d'autres refusent d'entendre. Néanmoins, je suis contente de continuer à exercer simultanément mon métier de médecin généraliste, car ce serait trop dur si je devais m'occuper uniquement de ceux qui demandent l'Aide à mourir. J'accepte de le faire parce que c'est mon rôle, mais j'aime encore plus guérir. Ce n'est pas équilibrant de s'occuper de la mort à temps plein. Je connais bien le sujet pour avoir travaillé longtemps au sein d'une équipe mobile de soins palliatifs. »

À la fin de notre échange, je lui demande de comparer l'offre de la France à la position de la Suisse. Là-dessus, elle est catégorique : « Si l'on me demande de choisir entre la mort assistée et la sédation profonde et continue que propose la France, je dirai sans hésitation : la mort assistée. J'ai vu trop de patients mourir après suppression de l'alimentation et de l'hydratation. C'est terrible, affreux, même sous sédation. Parfois, ça dure, ça dure... Il faudrait que la sédation soit prescrite à forte dose pour éviter les effets négatifs de la déshydratation. Ce n'est pas le cas chez vous. »

En Suisse, si le principe de la Mort assistée est légalement toléré, l'Aide médicale à mourir telle qu'elle est pratiquée en Belgique n'est toujours pas reconnue.

Plusieurs autres pays ont une législation semblable à celle de la Suisse, comme une dizaine d'États américains. Celui de l'Oregon fut le premier à légiférer en 1997. Depuis il a été suivi par une dizaine d'autres dont les

États de Washington, du Vermont, de Californie, du Colorado, d'Hawaï, du New Jersey, de Columbia, du Maine, du Nouveau-Mexique... Dans leur grande majorité, ces États se situent sur les côtes ouest et est, et votent démocrate. Aucun État du centre à majorité républicaine n'a voté un texte en ce sens, excepté le Montana.

En Amérique latine, la Colombie a légalisé l'euthanasie en 2015, malgré l'opposition de l'Église catholique qui menaça de fermer les nombreux établissements médicaux qu'elle gère.

Au Canada, en 2016, deux ans après l'État du Québec, la loi fédérale a légalisé l'Aide médicale à mourir.

En 2017, le Parlement de l'État de Victoria, en Australie, a lui aussi légalisé l'euthanasie, à condition que la personne qui exprimait ce désir soit atteinte d'une maladie grave et responsable de souffrances chroniques. Cette décision a été suivie par les États d'Australie-Occidentale et récemment de Tasmanie. Un projet de loi va être également présenté dans les prochains mois au parlement de Nouvelle-Galles du Sud.

En février 2020, le Parlement du Portugal a voté en première lecture un projet de loi autorisant l'Aide médicale à mourir. La pandémie de Covid-19 a empêché le vote de confirmation initialement prévu pour le mois de juin de la même année, ce qui donna du temps à la hiérarchie catholique pour lancer une offensive contre le texte. Néanmoins, la loi fut confirmée en janvier 2021.

De même, le 17 décembre 2020, le Parlement espagnol a voté à une large majorité un projet de loi proposé par le gouvernement socialiste, autorisant l'Aide médicale à mourir pour les malades atteints d'une maladie incurable. Le chef du gouvernement, Pedro Sánchez, s'est félicité : « C'est une grande conquête sociale pour notre pays, Nous avançons en liberté, en droits civiques et en dignité. » La loi est entrée en vigueur en 2021. Quatre ans plus tôt, en 2017, un sondage réalisé par l'institut Metroscopia avait révélé que 84 % des Espagnols se disaient partisans de l'Aide médicale à mourir pour les patients en phase terminale, et que 56 % des catholiques pratiquants y étaient eux aussi favorables.

Dans d'autres pays, la liberté de choisir sa fin de vie a progressé non pas à la suite d'un vote parlementaire, mais par jugement des Cours constitutionnelles qui ont annulé les lois répressives et liberticides s'opposant aux choix des citoyens. Ce fut le cas de la Cour constitutionnelle italienne en novembre 2019, de la Cour constitutionnelle allemande en février 2020, suivie le 15 décembre 2020 par la Cour constitutionnelle autrichienne. Trois décisions historiques majeures, peu commentées par les médias français.

L'évolution allemande a surpris. Cette mutation ne résulte pas d'une maturité du monde politique, mais d'une initiative des mondes juridique et associatif. Six avocats représentant six groupes de malades et de médecins ont saisi la Cour constitutionnelle pour remettre en question la loi de 2015 qui menaçait de trois ans de prison les médecins ou les associations qui pratiqueraient la Mort assistée. La Cour constitutionnelle donna raison aux avocats et abrogea le texte législatif. Le président de la Cour déclara : « Ce droit inclut la liberté de s'ôter la vie et de demander de l'aide pour le faire. » La Cour ira même plus loin, décrétant que le droit des citoyens à une Mort assistée ne devait pas se limiter aux seuls patients atteints de maladies graves.

Peu auparavant, la Cour de Leipzig avait déjà statué en ce sens, jugeant que « l'État ne pouvait empêcher un sujet atteint de maladie grave d'obtenir des produits anesthésiques lui permettant de se suicider de manière douce et sans douleur ». Plus surprenant encore, le président du Conseil de l'Ordre des médecins allemands se prononça pour une légalisation de l'euthanasie, estimant que les soignants agissaient alors comme « des assistants, des guérisseurs au chevet des patients et non comme des "tueurs" ».

De même, dans l'Italie, pays connu pour sa forte tradition catholique, où le code pénal punit de cinq à douze ans de prison « l'instigation ou l'aide au suicide », la Cour constitutionnelle décréta en septembre 2019, soit quelques mois avant celle de l'Allemagne, que le suicide pouvait être licite si plusieurs conditions étaient réunies dont, en priorité bien sûr, « le consentement éclairé du patient ». La Cour constitutionnelle italienne précisa que sa décision était prise « dans l'attente d'une intervention indispensable du législateur », et demanda donc au Parlement de modifier la loi en vigueur.

Là-bas, tout a commencé en 2017 par la mise en examen de Marco Cappato, un responsable du Parti radical italien, pour avoir accompagné en Suisse Fabiano Antoniani, un célèbre DJ qui réclamait une mort assistée. Devenu aveugle et quadriplégique après un accident de voiture, ce dernier avait écrit au président de la

République italienne : « Je me sens dans une cage. Je voudrais pouvoir mourir sans souffrir. » De retour de Suisse, Marco Cappato s'est dénoncé pour susciter le débat, et prouver que seuls les Italiens aisés avaient la possibilité d'aller mourir à l'étranger. Saisie, la cour d'assises de Milan se tourna vers la Cour constitutionnelle italienne, qui se tourna à son tour vers le Parlement, lui demandant de légiférer. Mais devant la frilosité des députés qui, au bout d'un an, n'avaient pas statué, elle donna son avis sans plus attendre. Apprenant sa conclusion, l'accusé déclara : « À partir de maintenant nous sommes tous plus libres, y compris ceux qui ne sont pas d'accord. Pour moi, aider Fabio était un devoir, la Cour en a fait un droit[1]. »

En une année, on a pu ainsi assister au réveil subit et presque simultané de trois cours constitutionnelles européennes, ouvrant la voie à cette nouvelle liberté. L'Europe commencerait-elle à se libérer des idéologies répressives ?

En France, si les médias évoquent volontiers la légalisation de l'avortement ou du mariage pour tous dans tel ou tel pays, ils parlent peu des changements intervenus dans le monde concernant les lois sur la fin de vie.

Ainsi, très peu de médias ont commenté en octobre 2020 le résultat historique du référendum citoyen en Nouvelle-Zélande qui, à une large majorité (65 % des bulletins exprimés), s'est prononcé en faveur d'une loi

---

1. « La victoire posthume du musicien italien DJ Fabo », *Le Monde*, 8 octobre 2019.

autorisant l'euthanasie – le mot a même été employé dans le texte de loi.

Parler de la mort ne serait donc plus un tabou dans certains pays. Pour avancer, peut-être suffirait-il de demander directement aux citoyens leur avis ?

5

Et la France, pays des droits de l'homme... ?

En peu de temps, tous les pays frontaliers de l'Hexagone, du nord au sud, ont pris position pour le droit des citoyens de choisir leur fin de vie. Tous : la Belgique, le Luxembourg, l'Allemagne, la Suisse, l'Italie, l'Espagne.

La France, pays des droits de l'homme, république fière de sa laïcité inscrite dans la Constitution, campe sur des positions conservatrices et tarde à évoluer.

Et pourtant, toutes les enquêtes d'opinion réalisées depuis vingt ans confirment le désir des Français de pouvoir bénéficier d'un véritable choix quant à leur façon de terminer leur vie. Déjà, en septembre 1998, dans l'enquête Ipsos réalisée pour *La Marche du Siècle* et *Le Figaro*, 79 % des personnes interrogées déclaraient qu'elles souhaitaient qu'on les aide à mourir si elles étaient atteintes d'une « maladie incurable » et en proie à des « souffrances extrêmes[1] ».

Un autre sondage, réalisé en mars 2006, a donné exactement le même résultat !

---

1. Ipsos publication, 23 septembre 1998.

Treize ans après la loi Leonetti et deux ans après la loi Claeys-Leonetti, une enquête Ifop, parue le 3 janvier 2018 dans le quotidien *La Croix*, posa la question à 1 000 personnes : « Pensez-vous qu'il faille aller plus loin que la législation actuelle sur la fin de vie, en légalisant le Suicide assisté et/ou l'euthanasie ? » La réponse fut « Oui » à 89 %. Un an plus tard, en 2019, un sondage amplifie la tendance et révèle que 96 % des Français sont favorables à l'euthanasie[1]. Cela ne signifie pas que neuf personnes sur dix souhaitent demander en fin de vie une Aide médicale à mourir ou un Suicide assisté, mais qu'elles souhaiteraient pouvoir éventuellement en bénéficier le moment venu, et cette possibilité diminue leur angoisse.

Le fossé existant entre le souhait des citoyens et les positions des instances dirigeantes, qu'elles soient médicales, religieuses, juridiques ou politiques, est ici particulièrement profond. Plus encore que sur d'autres sujets de société. Or, une démocratie ne peut vivre longtemps avec un tel divorce. Les dictatures qui dirigent nombre d'États de par le monde interdisent bien sûr toute aide active à mourir, la punissent d'emprisonnement. Mais il ne faut pas demander à ceux qui bafouent en permanence les libertés et les droits de l'homme de permettre à leurs citoyens d'accéder à cette liberté ultime. Le débat sur la fin de vie n'existe que dans les démocraties, et je dirais même qu'il est peut-être un reflet de la démocratie locale. À coup sûr, la preuve de

1. *Le Quotidien du médecin*, 9 avril 2019.

la maturité d'un peuple, capable de résister aux lobbies idéologiques et religieux.

Alors, en France, d'où viennent les obstacles ?

Ils sont nombreux et s'enchevêtrent : chaque entité sociologique – médecine, justice, politique, religion – s'appuie sur l'autre pour justifier son opposition ou son inertie.

*

Commençons par les médecins, et les instances qui prétendent les représenter.

C'est le milieu que je connais le mieux en raison de ma longue expérience dans ce domaine. Première question que l'on peut se poser : le monde médical est-il réellement opposé à un changement de la loi ? Et tout d'abord, ce « monde médical » constitue-t-il une entité homogène ?

Hervé Hamon commence son livre-enquête, *Nos médecins*[1], par cette constatation : « Le corps médical n'existe pas. » Une affirmation que je partage entièrement : trop de pratiques différentes !

Je peux affirmer sans trop m'avancer que, si les médecins sont majoritairement conservateurs, ils appartiennent néanmoins à tous les courants politiques, philosophiques et religieux.

Ensuite, tous ne sont pas confrontés de la même manière au problème de la fin de vie. Il existe d'importantes

1. *Nos médecins*, Le Seuil, 1998.

différences d'une spécialité à l'autre. Qu'y a-t-il de commun, en effet, entre le praticien qui exerce une fonction strictement technique, comme un radiologue ou un anatomopathologiste, et ceux qui passent l'essentiel de leur temps à conjuguer technique et relation humaine comme les généralistes et les spécialistes ? Et encore, pas tous les spécialistes... Certains, comme les ophtalmologues, les dermatologues, ou même la grande majorité des chirurgiens, n'y seront quasiment jamais confrontés, tandis que d'autres tels les pneumologues, les gastro-entérologues, les cancérologues vivront au quotidien la fin de vie de leurs malades. Avec tous les intermédiaires, comme les rhumatologues, les cardiologues. Quant aux réanimateurs, ils ont un contact limité avec le malade conscient. Et même pour les généralistes, cela dépend du type de leur clientèle et de leur lieu d'exercice. Quant aux neurologues, ils devront affronter d'autres situations plus angoissantes encore, avec les maladies dégénératives comme la maladie de Charcot ou celle de Parkinson, à évolution lente et terriblement handicapante. Enfin, les médecins spécialisés en soins palliatifs ont fait de la confrontation avec la mort leur quotidien.

Après bien des années de travail en milieu hospitalier, je continue à considérer ce métier de médecin bien complexe, scientifiquement exigeant et émotionnellement lourd. Comme l'exprimait parfaitement le Dr Erika Preisig, médecin suisse, présidente de l'association Life Circle dont nous avons parlé précédemment, « il est bon d'exercer la médecine en se confrontant à un équilibre de vie et de mort. Autant, pour un médecin, accompagner son malade jusqu'à la fin fait intégralement partie de son rôle, de son éthique, autant se confronter uniquement à la mort toute sa vie ne me semble pas favoriser un parfait épanouissement ».

Alors les médecins français, dans leur majorité, sont-ils opposés à un changement de la loi qui leur permettrait d'aider leurs malades à partir dans des conditions plus humaines ? Je ne le pense pas. Du temps où la fin de vie se passait dans une clandestinité institutionnalisée, c'est-à-dire jusqu'à la fin des années 2000, l'usage généralisé des « cocktails lytiques » ne posait aucun problème de conscience au milieu hospitalier. À l'époque, c'était l'attitude considérée comme la plus humaine. Il n'y avait donc pas d'obstacle psychologique de la part des médecins. Tout a changé avec la menace juridique.

Le cancérologue Léon Schwartzenberg fut sanctionné, il y a une quarantaine d'années, juste pour avoir levé l'omerta en reconnaissant dans un livre[1] avoir aidé des patients à mourir. Le Conseil de l'Ordre des médecins condamna immédiatement le célèbre professeur à un an de suspension.

Au cours des vingt dernières années, les procès se sont multipliés, rendant la menace juridique omniprésente. L'omerta s'est renforcée : une minorité ose s'en affranchir, la majorité se tait et obéit aux nouvelles règles. Nombre de familles, aujourd'hui, ne comprennent pas pourquoi les médecins ne répondent plus humainement

1. Léon Schwartzenberg, Pierre Viansson-Ponté, *Changer la mort*, Albin Michel, 2001.

à leur demande de réduire l'agonie de leur parent, oubliant quelque peu la loi répressive en vigueur, votée par leurs propres élus. Les médecins ne sont ni plus ni moins courageux que le reste de la population, mais beaucoup se disent : Pourquoi prendre des risques, mettre en jeu ma carrière et ma vie en me mettant dans l'illégalité ? Plusieurs internes m'ont avoué, lors de discussions sur la nécessité d'apporter à un malade une Aide médicale à mourir : «Je ne vais pas risquer de perdre mon métier, juste pour satisfaire le désir d'une personne que je connais à peine. » Ainsi, tant que la société pénalisera l'Aide active à mourir, la majorité des médecins refuseront d'en prendre le risque, par crainte d'être mis en accusation, de passer en jugement aux assises, d'être l'objet d'une médiatisation insupportable, et finalement interdits d'exercer.

Je reste convaincu qu'une loi dépénalisant l'Aide médicale à mourir libérerait les praticiens de la peur du pénal, et améliorerait l'écoute de leurs malades. Je prédis même que, dès le vote d'une telle loi, nombre de médecins sortiront de la clandestinité, se formeront au traitement de l'agonie et répondront humainement, sans arrière-pensée, à la variété des demandes de leurs patients arrivés en fin de vie. Six mois plus tard, plus personne ne contestera la loi, et l'on s'étonnera d'avoir mis tant de temps à légiférer. Et ceux qui, au nom de leurs convictions religieuses, refuseront d'intervenir, la loi leur imposera d'adresser leur malade à un praticien moins dogmatique.

En réalité, l'obstacle « médical » est ailleurs. Il vient de plusieurs instances médicales : le Conseil de l'Ordre des médecins, le Comité consultatif national d'éthique, la Société française d'accompagnement et de soins palliatifs (SFAP). Ces instances se présentent comme les seuls interlocuteurs des pouvoirs publics et, de fait, elles sont les seules à être vraiment écoutées par les responsables politiques.

Le Conseil de l'Ordre des médecins dispose d'un pouvoir injustifié. Aujourd'hui, les médecins sont confrontés à une double instance judiciaire : celle du code pénal et celle du Conseil de l'Ordre. Depuis sa création en 1941, l'« Ordre » des médecins s'est érigé en une structure juridique autonome, n'ayant de comptes à rendre qu'à elle-même. Et elle sanctionne indépendamment de la justice officielle. En 2014, le Dr Nicolas Bonnemaison fut radié de l'Ordre des médecins, c'est-à-dire interdit d'exercer son métier, avant même son jugement aux assises. Était-il coupable ou innocent ? La justice officielle ne s'était pas encore prononcée que le Conseil de l'Ordre avait déjà jugé. Après l'acquittement du médecin en première instance, le Conseil national ne modifia pas sa sanction, même provisoirement !

J'étais présent à son procès dans le bâtiment du Conseil national de l'Ordre, dans une grande salle, avec des gradins prévus pour un public fourni et une estrade pour « les juges ». Le décorum était peu différent de celui d'un prétoire. Et pourtant nous n'étions pas devant une cour de justice classique. Je me suis senti bien seul sur ces bancs presque déserts, avec, pour seuls complices, quelques membres de la famille de l'accusé. Face à nous, arrivèrent cinq médecins aux allures d'hommes de loi. Au nom de quelle formation juridique se donnaient-ils le droit de juger ? Je me souviens du Dr Bonnemaison, justifiant par un long exposé son vécu d'urgentiste, ses difficultés quotidiennes à trouver des lits pour ses malades dans les services de médecine surchargés. Il détailla cas par cas la situation dramatique des patients qu'il avait aidés à mourir. Il se défendit si bien qu'à la fin de son exposé je fus convaincu qu'il allait être reconnu innocent. Mais le verdict tomba : il fut radié sans limite de temps. Même la position plus conciliante du Conseil régional de l'Ordre des médecins de la région de Bordeaux dont il dépendait ne réussit pas à infléchir la décision de la direction nationale. Du jour au lendemain, plus de travail, plus de salaire, une réputation ternie, rendant difficile toute reconversion. Et pourtant, que lui reprochait-on en première instance ? Rien ou peu de choses, puisque le premier jugement conclut à un non-lieu. Mais le parquet fit appel. Il n'était pas concevable pour certains juristes idéologues que le Dr Bonnemaison, applaudi à la sortie du palais de justice, s'en sorte si facilement. Au risque de voir ce procès faire jurisprudence et permettre la légalisation de l'Aide médicale à mourir. En deuxième instance, ni mes propos ni ceux d'autres témoins de la défense, comme les Dr Chaussoy ou Kouchner, ne suffirent à ébranler une justice décidée à punir, ne serait-ce que pour l'exemple. Le Dr Bonnemaison fut condamné à une peine de prison avec sursis pour s'être rendu coupable d'avoir aidé à mourir une seule et unique patiente, âgée de quatre-vingt-sept ans, souffrant d'hémorragie cérébrale ! Une des rares indications admises dans la loi Claeys-Leonetti. Et avec quel produit avait-il donc « empoisonné » sa malade ? Du Métronidazole (Hypnovel), le médicament spécialement conseillé par la Haute autorité de santé pour réaliser une sédation profonde et continue jusqu'à la mort ! Le procès en appel de ce médecin fut tout simplement inique. Un jugement pour l'exemple, un avertissement pour ceux qui auraient la velléité de l'imiter. On connaît la suite : la destruction d'un homme qui tenta de se suicider, après avoir tout perdu.

D'où vient donc le pouvoir de ce Conseil de l'Ordre des médecins dont le jugement supplante tous les autres, y compris celui du représentant de la justice de la République ? Au cours de ses soixante-dix années de fonctionnement, cette institution n'a accompagné aucun changement sociétal majeur. Citons pêle-mêle son opposition à l'accouchement sans douleur, à la contraception, à l'interruption volontaire de grossesse, à la PMA, et aujourd'hui... à la liberté de choisir sa fin de vie. La liste est longue. Ses oppositions historiques lui ont valu une réputation très négative dans l'opinion publique.

Alors, cet organisme est-il vraiment représentatif de la profession ? Les médecins n'ont pas le choix. La cotisation est obligatoire pour exercer, selon la loi française. Une obligation contraire à l'article 20 de la Déclaration universelle des droits de l'homme qui précise que « nul ne peut être obligé de faire partie d'une association », surtout s'il n'en partage pas les prises de position. Le rapport 2019 de la Cour des comptes sur l'Ordre national des médecins est accablant[1]. Et pourtant, ce n'était pas une première, et probablement pas la dernière, l'Ordre n'ayant jamais tenu compte des avertissements précédents. De ce rapport, toute la presse a parlé, du *Figaro* au *Monde*, en passant par *Les Échos* et *Le Canard enchaîné. Le Quotidien du médecin*, dans son numéro du 27 février 2019, résume : « De multiples dérapages y sont dénoncés... l'Ordre en prend pour son grade. »

Première remarque : une représentativité faible des médecins, avec un taux d'abstention de l'ordre de 75 % aux élections départementales dont sont issus secondairement les représentants régionaux et nationaux. Un chiffre sur lequel l'Ordre se fait discret. Quand j'ai voulu vérifier sur son site le taux exact de participation, la réponse à cette question m'est revenue : « Aucun résultat ».

La cotisation annuelle rapporte à l'Ordre des sommes considérables. À raison de 335 euros par médecin en activité et 95 euros pour les 90 000 médecins retraités, cela représente, selon la Cour des comptes, un total de 84,3 millions d'euros par an (budget 2017).

Surtout, le rapport stigmatise la hausse vertigineuse des indemnités pour les membres du Conseil national. Des « rémunérations déguisées », estime la Cour des comptes, et qui auraient bondi de 33 % depuis 2011. Ainsi, par exemple, en 2017, 16 conseillers se sont partagé un million d'euros, soit 68 000 euros d'indemnités

1. La Cour des comptes, *L'Ordre des médecins*, La Documentation française, 2019.

chacun. Sans compter les « grands désordres comptables et de gestion. Une gestion souvent opaque, parfois absente ». Une augmentation de 58 % de dépense de personnels entre 2011 et 2017, et la Cour des comptes demande que l'on mette fin à la « pratique des recrutements favorisant les liens familiaux[1] ».

Ce rapport pointe également le mauvais fonctionnement interne : sa gérontocratie, peu représentative de la profession (40 % de conseillers régionaux et nationaux sont âgés et retraités – âge moyen : 68 ans), la faible représentativité des femmes (9 % au Conseil national), son laxisme dans de nombreux dossiers (cas d'insuffisance professionnelle, conflits d'intérêts avec les entreprises pharmaceutiques non sanctionnés, harcèlement sexuel de certains médecins...), sans oublier sa mauvaise surveillance des règles de déontologie... et j'en passe !

Ce rapport accablant de 2019 n'était pas le premier : celui de 2011 avait déjà été un rappel à l'ordre. Les contrôles effectués par la mission des juridictions administratives en 2013 n'avaient guère eu plus de prise...

En réalité, l'Ordre n'en a cure. Depuis sa création sous le régime de Vichy, il n'a jamais été réellement inquiété dans son existence ni même dans son autonomie, bien qu'il ait régulièrement été soumis à de très sévères critiques. Rien n'y fait. Ni l'occupation de ses locaux par les étudiants en Mai 68, ni la promesse de sa dissolution, inscrite parmi les 110 propositions électorales de François Mitterrand (proposition 81), le candidat

1. *Ibid.*

qualifiant l'institution « d'offense à la démocratie ». En 1982, le ministre communiste de la Santé, Jacques Ralite, fidèle à la promesse du président, envisagea sa suppression mais... après un délai de quatre ans. Un délai suffisant pour permettre à l'Ordre de relever la tête.

Depuis, aucune remise en cause au niveau politique, même lorsque sa gestion fut pointée et repointée du doigt par les institutions de contrôle de la République. Toutes ces mises en accusation n'ébranlent en rien le « navire ordonnal ». Habitué aux tempêtes, il les traverse sans jamais être sanctionné. Mieux, les hommes politiques continuent à le consulter comme institution garante de « l'éthique » de la profession.

Alors, quel est donc ce rempart idéologique qui le protège ?

Le Conseil de l'Ordre des médecins s'est toujours érigé en défenseur des « valeurs morales de la profession » et s'abrite, pour cela, derrière le serment d'Hippocrate.

Qu'en est-il vraiment de ce serment à si forte réputation ? Peu de gens en connaissent la teneur exacte, et surtout sa métamorphose avec le temps. Car le serment prononcé aujourd'hui par les jeunes médecins n'a plus grand-chose de commun avec celui attribué à l'ancêtre grec dont il porte le nom.

Une première remarque : d'une façon générale, un serment n'a de réelle valeur que s'il exprime une démarche volontaire, et non une obligation. De nos jours, les serments professionnels obligatoires sont légion : notaires, greffiers, avocats, gendarmes, mais aussi géomètres, architectes, commissaires aux comptes... La liste est longue.

Depuis des siècles, nul ne peut devenir médecin s'il n'a pas prononcé le serment d'Hippocrate, basé sur un texte que l'on fait remonter à deux mille cinq cents ans. Ce serment est-il toujours d'actualité ? Reste-t-il un garant moral pour la profession ? Est-il un texte écrit une fois pour toutes et transmis de génération en génération afin d'être suivi à la lettre ?

Je suis remonté aux sources des écrits. La majorité des gens ignorent tout du texte initial qui, d'après les historiens, aurait été rédigé non pas par le célèbre médecin, né quatre cents ans avant Jésus-Christ, mais cent ans après sa mort. Le texte qui lui est attribué, en dehors du secret médical – valeur éternelle –, est une énumération de principes dont beaucoup n'ont plus cours. Ainsi « mettre ses maîtres au rang de ses parents et considérer leurs enfants comme ses frères » est assez peu suivi. L'engagement à ne pas pratiquer certains gestes chirurgicaux ou des avortements est dépassé. Même la mention concernant l'engagement de ne pas « remettre de poison » mérite d'être resituée dans le contexte d'une époque où de multiples poisons étaient couramment employés. Ces « poisons » n'étaient pas dans la liste du codex des médicaments de l'époque. Par ailleurs, il manque bien d'autres engagements dans ce serment. Nous en reparlerons dans le chapitre « Pour une nouvelle éthique ».

En deux mille cinq cents ans, la médecine a évolué, la société a changé, le texte d'origine a été complètement modifié. Le serment que j'ai prononcé en 1968 n'était déjà qu'un pâle reflet du texte ancien, et bien éloigné de celui prononcé par les générations suivantes – ne serait-ce qu'en ce qui concerne l'avortement.

Le texte de 1996, élaboré par le Conseil national de l'Ordre, est encore différent ; de même la dernière version, retenue par ce même Conseil en 2012, est plus distante encore. Nous sommes ici devant un texte rédigé par une institution dont les positions éthiques ont été bien souvent contestées. La référence à Hippocrate devient strictement historique. Un alibi. Il suffit d'aller sur Internet et de comparer les textes.

Ainsi, un tel organisme, compte tenu de ses positions passées, de sa gestion, est-il toujours en droit de décider de ce qui est bon ou non pour la société en matière de santé publique et d'éthique médicale ?

Autre instance influente : le Comité consultatif national d'éthique (CCNE). D'où vient cette structure qui, au nom de la nation, affirme ce qui est éthique et ce qui ne l'est pas ? Qui le compose ? Qui représente-t-il réellement ?

Cette instance, créée par François Mitterrand le 23 février 1983, se définit comme « un comité consultatif indépendant, missionné pour donner des avis sur les problèmes éthiques et les questions de société soulevées par les progrès de la connaissance dans les domaines de la biologie, de la médecine et de la santé[1] ».

Est-il vraiment indépendant ?

Il comporte, outre un président, 39 membres, élus pour quatre ans, renouvelables. Le président de la République

1. ccne.ethique.fr

nomme le président du Comité et cinq membres. Dix-neuf autres membres sont des personnalités choisies pour « leur compétence et leur intérêt pour les problèmes éthiques », mais onze d'entre elles sont sélectionnées par des ministres ; enfin quinze autres membres sont choisis au sein de sociétés savantes – académies scientifiques, Collège de France, CNRS, Inserm... – en y ajoutant quelques représentants du monde juridique et religieux.

Toutes ces personnes ont des compétences scientifiques ou politiques qui ne sont pas mises en doute, mais dont l'expérience en matière de fin de vie est plus que légère pour nombre d'entre eux.

Cette instance nationale est systématiquement sollicitée chaque fois qu'une loi sociétale est envisagée, en particulier dans le domaine médical. De la Procréation médicale assistée (PMA) à la prise en charge de la fin de vie, en passant par les diverses lois bioéthiques.

Dans son rapport du 27 janvier 2000, il se fit remarquer, comme nous l'avons vu, par l'évocation d'une « exception d'euthanasie ».

Il sera sollicité en 2004 par la commission parlementaire présidée par le député Jean Leonetti, mais la loi de 2005 n'envisagera même plus d'exception pour l'Aide médicale à mourir. Ce fut un retour en arrière, un retour au dogme strict.

En 2012, le président François Hollande qui s'était engagé à faire une vraie réforme sur la fin de vie demande au Pr Sicard, ancien président du Comité consultatif national d'éthique, de rédiger un énième rapport sur ce sujet. Choix surprenant quand on sait que ce dernier était connu pour son opposition à l'Aide médicale à mourir. Celui-ci reconnaissait ne pas avoir changé d'avis, et même être devenu plus restrictif que dans le passé. Avant de rédiger son rapport, il engagea une série de « débats populaires » pour entendre les arguments des opposants et des partisans de l'Aide active à mourir.

Connu pour mes positions et mon passé d'initiateur du Manifeste des 2 000, je fus donc invité à exposer mon point de vue devant la commission. On m'écouta avec attention, on prit des notes, on me posa moult questions... mais cet entretien eut lieu la veille de la remise du rapport au président de la République. Je ne crois pas que mes propos aient changé une seule virgule au texte déjà rédigé et imprimé.

De même, un peu plus tard, quand la Conférence des citoyens sur la fin de vie, commission instaurée par le Comité consultatif national d'éthique lui-même, remit son rapport le 14 décembre 2013 dans lequel elle conclut en faveur du Suicide assisté, le Comité d'éthique n'en tint pas compte.

Ces consultations me rappelèrent celle de la commission parlementaire de 2004, présidée par Jean Leonetti qui organisa une vaste consultation de 80 personnes... dont 70 pensaient dans la même direction que lui. Comment faire semblant de débattre pour finalement ne rien changer ?

Lorsqu'il fut question de revoir les lois bioéthiques en 2019, sous l'influence de ce comité, les dirigeants politiques jugèrent inutile d'ouvrir de nouveau le dossier sur la fin de vie.

J'ai bien connu dans le passé l'actuel président du Comité consultatif national d'éthique, Jean-François Delfraissy : nous étions ensemble chefs de clinique à l'hôpital Antoine-Béclère, à Clamart, dans les années 70-80. Je garde de ce chercheur en immunologie le souvenir d'un homme sympathique et compétent dans sa spécialité scientifique. Mais est-il le mieux placé pour résoudre les problèmes auxquels sont confrontés quotidiennement certains soignants ? Dans ce Comité national d'éthique, combien y a-t-il de représentants des médecins généralistes, des spécialistes hospitaliers, des infirmières, de tous ceux qui sont confrontés quotidiennement à la souffrance des malades ? Combien y a-t-il de représentants des citoyens ayant vécu un tel drame avec leurs proches ? Où sont les associations qui les défendent ? Le fossé est immense entre les membres cooptés de ce Comité consultatif national d'éthique, dans sa composition actuelle, et la demande citoyenne. On souhaiterait moins de prétendus « sages » et un peu plus de responsables de terrain. Ce Comité est l'exemple même de ce que reprochent les citoyens à leurs élites : un cercle fermé de personnalités coupées de la réalité des citoyens, et sourdes à leurs demandes, alors même que le sujet de la fin de vie nous concerne tous. Il serait indispensable selon moi de faire entrer au sein de ce Comité d'éthique des citoyens directement confrontés sur le terrain aux problèmes de la société.

Il est facile de se retrancher derrière des dogmes pour éviter d'affronter la réalité. À tous ces membres du Comité consultatif national d'éthique, j'aurais volontiers renouvelé les propos que j'ai tenus dans la salle d'audience, lors du procès du Dr Bonnemaison, précédemment évoqué, en m'adressant aux représentants du monde juridique...

« Tant qu'on n'a pas vécu au contact des malades en train de mourir, on reste dans la théorie, dans la distance qui protège. Je vous encourage à passer ne serait-ce qu'une nuit au chevet d'un agonisant. Je serais très étonné que vous ne vous posiez pas rapidement plusieurs questions. En l'observant, vous commencerez par vous demander : "Que signifient ces soubresauts, ces pauses respiratoires, ces rictus ? Est-ce qu'il souffre ou non ?" Puis viendra une autre question : "Combien de temps cela va-t-il durer ?" Et enfin : "À quoi cela sert-il ? N'est-ce pas absurde, inhumain, de poursuivre quand il n'y a plus aucun espoir et qu'il est possible d'agir autrement ?"

» Quand on est un peu humain, que l'on n'a pas d'a priori idéologique ou religieux, on découvre en soi quelque chose d'essentiel face à celui qui est en train de mourir, qui porte le nom de "compassion". Il paraît alors naturel de vouloir l'aider à passer ce cap difficile. »

Le lendemain, mes propos furent repris en grande partie dans le quotidien *Le Monde*[1].

---

1. P. R. Diard, « Au procès Bonnemaison, le temps de l'agonie », *Le Monde*, 21 juin 2014.

J'ai aussi eu l'occasion, lors des nombreux débats auxquels j'ai participé, de me trouver face à un autre représentant officiel de l'éthique en la personne d'Emmanuel Hirsch, un des rares universitaires à avoir reçu le titre de « professeur en éthique médicale ». Je suis allé voir son parcours sur Wikipédia – source la plus complète que j'ai pu trouver sur ce point. Ancien directeur d'une entreprise de porcelaine, producteur d'émission à France Culture, il fut nommé en 1995 par le Pr Didier Sicard – encore lui – et Alain Cordier, alors directeur de l'Assistance publique des hôpitaux de Paris (APHP), au poste de responsable d'un Espace éthique de l'APH, qui venait d'être créé. Pourquoi ce choix ? Probablement parce qu'il avait passé son doctorat en philosophie sur l'éthique médicale. Une connaissance du milieu bien théorique. De fait, devant la commission parlementaire précédant la loi Leonetti, il affirma : « Je n'ai aucune information particulière sur la pose aléatoire, et à l'insu de la personne, de cocktail lytique[1] », laissant ainsi entendre que de telles pratiques n'existaient pas ou restaient exceptionnelles.

L'absence d'expérience vécue n'empêche pas Emmanuel Hirsch de donner son avis sur des sujets qu'il ne connaît que de façon théorique ; néanmoins, du fait de son titre, il est devenu une référence auprès des politiques.

Les deux responsables de sa nomination n'étaient pas des personnes neutres. Le Pr Sicard avait manifesté à

1. Audition d'Emmanuel Hirsch, « Respecter la vie, accepter la mort », *op. cit*, tome 2, p. 474.

plusieurs reprises son opposition à la légalisation de l'Aide médicale à mourir. Quant à Alain Cordier, après avoir été directeur de l'APHP en 1993, il occupera le poste de président du groupe Bayard, célèbre groupe de presse appartenant à une congrégation catholique. Emmanuel Hirsch s'opposera à l'Aide active à mourir, et obtiendra le soutien de la Société française d'accompagnement et de soins palliatifs (SFAP). En 2008, Alain Cordier sera nommé membre du Comité national d'éthique par Nicolas Sarkozy et, en 2011, membre du collège de la Haute autorité de santé (HAS), l'instance qui rédigera le protocole détaillé sur la façon de réaliser la sédation profonde et continue, texte directement inspiré par la SFAP. Pour traiter ce sujet difficile, on ne peut pas dire que les hommes politiques aient là encore fait appel à une large diversité d'opinion. Comment s'étonner alors que la loi française sur la fin de vie mette tant de temps à évoluer ?

Ainsi, je me pose depuis des années cette question : pourquoi toutes ces instances – Conseil national de l'Ordre des médecins, Comité national d'éthique, Société française d'accompagnement et de soins palliatifs... qui partagent exactement la même idéologie, sont les seuls interlocuteurs à être entendus des hommes du pouvoir politique ? Pourquoi les soins palliatifs représenteraient-ils la seule voie, la voie absolue, la voie idéale en fin de vie, la voie excluant toute alternative ? Au nom de quel passé irréprochable ces instances peuvent-elles se considérer comme l'idéal de « l'éthique médicale » ? Si exiger des malades de ressentir des « souffrances intolérables » pour avoir droit à une sédation terminale, si considérer la déshydratation du corps comme un accélérateur naturel de la mort en fin de vie, si plaider pour une prolongation inutile de l'agonie, c'est cela leur éthique... alors, je l'affirme : cette éthique n'est pas la mienne. Elle n'est pas non plus celle de beaucoup de citoyens. Il en existe une autre. Une éthique libérée des idéologies, qui entend servir le malade et répondre à la demande de ceux qui souffrent.

Il faut reconnaître qu'en France ces instances ont parfaitement joué leur rôle de lobby auprès de toutes les structures officielles – ministère de la Santé, Haute autorité de santé, commissions multiples créées par différentes présidences – pour s'opposer à la législation sur l'Aide active à mourir. Jusqu'à présent, elles ont remarquablement réussi.

*

Mais parlons maintenant du manque de courage du monde politique...

Lors des votes des lois sur la fin de vie, qu'il s'agisse de la loi Leonetti de 2005 ou de la loi Claeys-Leonetti de 2016, les élus parlementaires ont toujours manifesté une remarquable unanimité. Pas une majorité, une unanimité ! Un phénomène rare à l'Assemblée nationale, où l'on s'écharpe facilement dès qu'il s'agit de légiférer sur les changements sociétaux comme le divorce, la contraception, l'interruption volontaire de grossesse, le Pacs, le mariage pour tous ou la PMA ! La mort unit les élus dans un consensus douteux, comme s'il fallait éloigner rapidement ce sujet désagréable. La fin de vie est un dossier qui brûle. Aussi acceptent-ils le premier texte venu pourvu qu'il ne fasse pas de vagues et que l'on puisse passer à autre chose. Lors de l'analyse des lois bioéthiques en 2020, les problèmes posés par la fin de vie furent même exclus du débat. À croire que la loi était parfaite et qu'il n'y avait rien à changer !

Au cours des vingt dernières années, les candidats à la présidence de la République manifestèrent un certain intérêt pour la question de la fin de vie, à l'occasion d'interviews de journalistes. Jamais lors de débats télévisés. De toute façon, le mot « santé » n'a jamais été cité lors des débats télévisés qui clôturèrent les trois dernières campagnes présidentielles. Jamais, pas une fois. Ni par les candidats de droite ni par les candidats de gauche. Ils échangèrent sur la crise économique, la sécurité, le terrorisme, les relations extérieures, l'immigration, l'Éducation nationale... Mais la santé ? Rien. Alors, la fin de vie ! Ça concerne si peu de gens... !

C'est en réponse aux questions posées par des journalistes ou des représentants d'associations que les candidats furent poussés dans leurs retranchements. Avant son élection, Nicolas Sarkozy s'engagea à promulguer une loi destinée à réduire les souffrances en fin de vie. On connaît le résultat.

François Hollande ira plus loin. Quelque temps avant son élection, au cours d'une émission de télévision, le journaliste et écrivain Franz-Olivier Giesbert lui posa une question astucieuse sur l'image forte qu'il souhaitait laisser à la postérité à la fin de son quinquennat. Ainsi, précisa-t-il, la loi sur l'interruption volontaire de grossesse restera attachée à Valéry Giscard d'Estaing, la suppression de la peine de mort à François Mitterrand, la condamnation du gouvernement de Vichy à Jacques Chirac... « Et vous, François Hollande, quel changement politique marquant aimeriez-vous laisser à l'Histoire à la fin de votre quinquennat ? » Le futur président, sans hésiter, affirma : « Une loi sur la fin de vie. »

Quand j'entendis cette réponse, j'eus un immense espoir de changement. L'homme était intelligent, il avait choisi un thème essentiel, original, qui marquerait à coup sûr son quinquennat. Mais il avait aussi la réputation d'être l'homme des compromis mous. Une fois de plus, il ne faillit pas à sa réputation et déçut rapidement tous ceux qui lui avaient fait confiance.

Pour proposer une telle révolution sociologique, il fallait de l'audace. Comment espérer changer la société quand on choisit comme responsable de la commission créée pour trouver une solution nouvelle celui-là même qui s'était ouvertement opposé à tout changement. Quand la presse révéla que, pour aborder cette mutation sociale, le président Hollande avait choisi le député Leonetti, je compris que nous allions vivre une déception de plus. Pour sa défense, il faut reconnaître que la violence des manifestations contre le mariage pour tous avait refroidi ses ambitions. Le dirigeant socialiste craignit d'affronter une fois de plus cette frange de religieux sectaires qui s'opposent systématiquement à tout changement de société, oubliant par là même qu'ils vivent dans une République qui a entériné depuis plus d'un siècle la séparation des Églises et de l'État. Même en lui adjoignant un député socialiste, le président n'atteignit pas son but, et la loi Claeys-Leonetti ne restera pas dans l'Histoire comme un bouleversement sociétal.

J'ai bien connu le Premier ministre de François Hollande, Manuel Valls, du temps où il occupait les fonctions de maire d'Évry. Nous avions appris à nous apprécier et à partager une certaine complicité au sein du Conseil d'administration du Centre hospitalier Louise-Michel, lui comme représentant des élus, moi, en tant que président de la Commission médicale – l'instance représentative du corps médical au sein de l'établissement. Il m'avait même invité à deux ou trois reprises à déjeuner pour parler médecine, santé et politique. Connaissant mon engagement pour la liberté de choix des malades en fin de vie, il me proposa de venir en débattre à l'Assemblée nationale devant les députés socialistes.

J'acceptai l'invitation et, deux semaines plus tard, me rendis au Palais-Bourbon un mardi à 17 h 30. J'avais peaufiné tout le week-end mon exposé, et le jour dit je me présentai à l'accueil. Les deux attachées parlementaires de Manuel Valls vinrent m'accueillir et me conduisirent dans une vaste salle au mobilier désuet. Je m'installai à la table destinée au conférencier. La pièce était encore vide, et j'avais face à moi une grosse horloge qui scandait les minutes. Une fois les formules de politesse échangées avec mes accompagnatrices, j'attendis en relisant mes notes. Les aiguilles me parurent tourner lentement et marquèrent moins le quart, moins cinq, 18 heures. Toujours pas le moindre participant. Devant mon air interrogatif, les deux assistantes, un peu gênées, tentèrent de me rassurer : « Ils sont souvent en retard, ils ne vont pas tarder. » Mais les minutes continuèrent à se bousculer l'une l'autre dans le plus profond silence. Vers 18 h 30, la porte s'ouvrit, et Manuel Valls surgit, suant, soufflant comme s'il venait de courir un cinq cents mètres. Il s'excusa pour le retard, puis, se tournant vers les rangées de chaises vides : « Où sont les autres ? » D'un geste large et majestueux, je lui présentai les absents : « Voilà, tout le parti socialiste est présent ! » Furieux, il interrogea ses collaboratrices pour savoir si les invitations avaient bien été envoyées. « Et Gaëtan Gorce[1] ? Où est-il, notre spécialiste de la fin de vie, vous l'avez prévenu ? » L'assistante, un peu gênée, lui répondit : « Oui, bien sûr, il a reçu l'invitation, mais il s'est excusé : il fait visiter l'Assemblée à un groupe de Japonais. » Je ne pus m'empêcher de sourire devant l'étonnante excuse : « Si c'est pour faire visiter le bâtiment à des Japonais, il est tout excusé, il y avait urgence. » Mon ton narquois ne fit qu'agacer un peu plus Manuel Valls qui se tourna vers moi : « Écoutez, je ne veux pas que vous soyez venu pour rien. Faites votre exposé, rien que pour moi. Je prends des notes. Essayez de me convaincre. »

Pendant une heure, je lui donnai un cours particulier sur l'importance d'offrir aux citoyens cette ultime liberté. Quand j'eus fini, il ne posa aucune question mais me

1. Gaëtan Gorce, député socialiste, copréside en 2004 avec Jean Leonetti la commission parlementaire sur l'accompagnement en fin de vie.

tendit la main : « Je crois que vous m'avez convaincu. Je vous promets que ça ne restera pas lettre morte. »

De fait, quelques mois plus tard, en octobre 2009, sous la présidence de Nicolas Sarkozy, Manuel Valls présenta devant l'Assemblée la première ébauche sérieuse d'une loi sur l'Aide médicale à mourir. Même imparfaite, même timorée, elle aurait pu représenter un réel tournant. Il n'en fut rien. J'assistai à la séance parlementaire devant un parterre clairsemé. Les quelques députés présents, appartenant à la majorité présidentielle, manifestèrent une opposition systématique à tout changement de la loi Leonetti, votée quatre ans plus tôt. Un coup pour rien, mais Manuel Valls avait tenu parole.

Aussi, quelques années plus tard, quand il devint Premier ministre, j'espérai qu'enfin l'homme politique arrivé au sommet du pouvoir allait relancer la question. J'attendis en vain. Devenu chef du gouvernement, l'ancien député d'Évry avait rejoint la cohorte des élus inquiets d'aborder le changement d'une loi sur la fin de vie. La loi Claeys-Leonetti qui sera votée sous sa mandature ne sera pas à la hauteur des attentes.

Ma seconde expérience avec l'Assemblée nationale eut lieu après la publication de *Pitié pour les hommes*[1]. Quand le livre sortit, mon éditeur se mobilisa comme j'avais rarement vu un éditeur le faire pour un auteur. Il sollicita ses relations, et il n'en manquait pas. Un certain nombre de célébrités s'étaient déjà prononcées publiquement en faveur d'une Aide médicale en fin de vie.

---

1. *Op. cit.*

D'autres faisaient partie du comité d'honneur de l'Association pour le droit de mourir dans la dignité (ADMD). Encore fallait-il pouvoir les joindre rapidement, ce qui demanda beaucoup de travail à l'attachée de presse. La maison d'édition leur adressa un exemplaire du livre, accompagné d'une lettre leur proposant de signer un texte de soutien aux propos développés dans le livre. J'avoue que je fus assez fier de voir mes écrits soutenus par une cinquantaine de célébrités, issues du monde des arts et des sciences comme de la sphère politique. Je découvris les signatures de Françoise Hardy et du biologiste Étienne-Émile Baulieu à côté de celles de Michel Rocard, de Noël Mamère ou de Dominique Fernandez, en passant par Hugues Aufray, Bruno Masure, Danièle Delorme, Michel Onfray[1]...

Avec un tel soutien, je m'attendais à un débat retentissant dans les médias. Il n'en fut rien. Adressé à l'Agence France Presse, à l'ensemble des quotidiens et hebdomadaires, sans oublier les radios et les chaînes de télévision, le message ne fut repris par... personne, hormis *Le Nouvel Observateur* qui, deux ans auparavant, avait publié la liste des signataires de la pétition. Et encore, l'information fut publiée uniquement sur son site Internet. Rien, pas un mot dans la version papier du magazine.

Les élus de tous bords qui avaient signé la pétition en faveur du livre, furieux de n'avoir pas été entendus, décidèrent de faire une conférence de presse à l'Assemblée

1. Liste complète sur le site denislabayle.fr, rubrique Essai : *Pitié pour les hommes*.

nationale. Je fus l'invité d'honneur, heureux pour une fois de ne pas être mis au ban de la société et de ne pas me voir accusé d'être un « empoisonneur public » !

À la date dite, je me rendis donc de nouveau dans ce haut lieu de notre République et me retrouvai entouré d'une dizaine de députés représentant les trois principaux partis. Parmi eux, étaient présents Henriette Martinez pour le RPR, Noël Mamère pour les Écologistes et Manuel Valls pour le Parti socialiste. Les seuls partis absents furent le Front national et le Parti communiste. Je connaissais Mme Martinez parce qu'elle avait déposé un projet de loi très intéressant sur la fin de vie, soutenu par une trentaine de députés de la majorité de l'époque, mais son texte ne fut jamais discuté en séance parlementaire.

Nous nous sommes tous assis à des tables placées en forme de U, face à une salle remplie de chaises destinées aux journalistes. À mes côtés, était présent François de Closets, journaliste et écrivain, invité pour avoir écrit un livre allant dans le même sens, et surtout pour donner plus d'écho médiatique à la manifestation unitaire des parlementaires. Tous les grands quotidiens nationaux – *Le Figaro*, *Le Monde*, *Libération*, *Le Parisien*... – avaient été invités, ainsi que les hebdomadaires de toutes tendances. Un espace avait été libéré pour l'installation des caméras de télévision.

Là encore, les minutes passèrent dans l'attente, de plus en plus longue, parfois entrecoupée de quelques bavardages. Certains députés quittèrent momentanément la salle pour passer un coup de téléphone à leur correspondant. Après trois quarts d'heure, il fallut se rendre à l'évidence : pas un seul représentant des médias ne viendrait. Pas plus d'émissaire de la radio ou de la télévision, hormis la chaîne parlementaire. À la demande des élus, je fis un rapide exposé critique de la situation actuelle, y apportant quelques exemples issus de mon expérience. Pendant que je parlais, la caméra filmait. Devant l'absence de question dans la salle, faute de questionneurs, la séance fut levée une demi-heure plus tard. Le soir, rien ne fut diffusé sur ladite chaîne parlementaire. Ma deuxième expérience à l'Assemblée nationale me fit prendre conscience combien le chemin pour aboutir à un changement de la loi serait long et difficile.

Plus récemment, en fréquentant quelques députés, j'appris que plusieurs projets de loi ouvrant la porte à un choix en fin de vie avaient été déposés à l'Assemblée nationale, sans être jamais inscrits au programme des débats parlementaires. En 2017, le député de la majorité présidentielle Jean-Louis Touraine (La République en marche) proposa un nouveau texte de loi, soutenu par 156 autres parlementaires.

Il vint exposer son projet en novembre 2019, à Grenoble, au congrès de l'association Le Choix-Citoyens pour une mort choisie. L'ancien médecin, devenu député, fit une conférence parfaite. Tout y était : la lutte contre la souffrance, le respect du choix du citoyen, l'absurdité de prolonger une agonie inutile, la volonté d'élargir les indications de la sédation profonde et continue. J'étais prêt à applaudir jusqu'à ce qu'il conclue en détaillant son projet de loi dont la teneur était quelque peu différente de son exposé. À la fin de la conférence, lors des questions à l'orateur, je ne pus m'empêcher, en tant que membre présent à la tribune, de faire remarquer qu'une fois de plus on retrouvait la restriction majeure qui voulait que seules les personnes souffrant « de douleurs incontrôlables » bénéficient d'une aide active à mourir, réduisant ainsi la portée de son projet de loi. « Monsieur Touraine, lui demandai-je, si demain vous apprenez que vous êtes atteint d'un cancer du pancréas, un cancer réputé pour son évolution douloureuse, attendrez-vous de subir des "souffrances intolérables et incontrôlables" pour demander de l'aide ? Faut-il se tordre de douleurs incontrôlables pour être entendu ? » Et j'ajoutai : « Personnellement, je ne souhaiterais pas atteindre ce stade pour avoir le droit de partir. » Je le sentis gêné, surtout quand le public applaudit à mes propos, et même agacé que l'on puisse critiquer le projet soutenu par ses collègues parlementaires. Il dut reconnaître qu'au fond de lui il partageait mon analyse, « mais, ajouta-t-il, sans cette limitation d'indications, je n'arriverais jamais à convaincre une majorité de députés ».

Dans la salle, un médecin généraliste le questionna sur la concertation collégiale obligatoire avant d'offrir au malade une Aide active à mourir. Que le médecin ne soit pas seul à décider était une sage précaution, mais le participant insista : « Pourquoi trois avis ? Trois médecins, c'est beaucoup, et pas toujours facile à rassembler dans certaines régions ! Et pourquoi ne choisir que des médecins ? Pourquoi ne pas interroger la personne de confiance[1] ? Devra-t-on obligatoirement demander l'avis d'un spécialiste des soins palliatifs dont on connaît l'opposition officielle à l'Aide médicale à mourir ? » Là encore, la réponse de Jean-Louis Touraine fut gênée, hésitante, avant de reconnaître que, certes, son projet n'était pas parfait, mais qu'il représentait un réel progrès puisqu'il introduisait pour la première fois dans la loi l'Aide médicale à mourir. Il estimait que, grâce aux restrictions qu'il avait ajoutées, il serait capable d'entraîner un courant majoritaire. Je ne partageais pas son optimisme. En réduisant de façon importante le cadre de la loi, on risquait, une fois de plus, d'en réduire la portée, comme ce fut le cas pour la loi Claeys-Leonetti.

Une autre proposition de loi fut déposée à l'Assemblée nationale en 2020 par une députée appartenant au parti Les Républicains, Marine Brenier, une femme jeune et dynamique, qui entendait mener son propre combat. J'ai eu avec elle un échange franc, constructif, et la promesse d'unir nos efforts.

J'eus également l'occasion de m'entretenir avec Olivier Falorni, député des radicaux de gauche, qui, lui aussi, déposa un projet de loi à l'Assemblée nationale sur le droit de choisir sa fin de vie. Un projet très superposable à celui de Jean-Louis Touraine, et je lui fis les mêmes critiques qu'il accepta volontiers – il n'en changea pourtant pas une virgule.

1. Personne prévue par la loi, choisie par le ou la citoyen.ne pour le représenter, surtout s'il ou si elle ne peut plus s'exprimer.

Ainsi, au début de l'année 2021, si on ajoute le texte déposé par le Parti de la France insoumise, l'Assemblée nationale disposait de quatre projets de loi, assez semblables. Pourtant, aucun d'eux n'avait fait l'objet de débat.

En novembre 2020, un autre texte de loi fut déposé cette fois au Sénat par une sénatrice socialiste, Mme Marie-Pierre de La Gontrie[1], et signé par 49 sénateurs et sénatrices. Une proposition beaucoup plus précise et plus audacieuse que celle des députés. Ce projet de loi envisageait d'emblée les deux possibilités de l'Aide active à mourir : Aide médicale à mourir et Suicide assisté. Il s'adressait à toute personne en phase avancée ou terminale, mais précisait « même en l'absence de décès à brève échéance ». Le critère des « souffrances inapaisables » serait apprécié, ici, par le malade lui-même, et non par un tiers, ce qui change considérablement la donne. La collégialité décisionnelle était désormais limitée à deux médecins. Enfin un vrai texte novateur, intelligent, ouvert, équilibré !

J'avais déjà remarqué que les sénateurs étaient plus à l'écoute du problème de la fin de vie que leurs collègues députés. La Commission des Affaires sociales de cette digne chambre m'avait même invité une dizaine d'années auparavant. J'avais fait un exposé puis répondu aux questions de sénateurs attentifs, visiblement désireux d'en savoir plus. Il y avait indiscutablement un plus grand esprit d'ouverture qu'à l'Assemblée nationale.

1. « Le droit de mourir dans la dignité », texte proposé en première lecture au Sénat le 17 novembre 2020, n° 131.

La moyenne d'âge plus élevée des élus de la seconde chambre de la République expliquerait-elle cette meilleure écoute ? Le sénateur vieillissant deviendrait-il philosophe ? Qui sait ? Pas sûr... !

En mars 2021, le projet de loi défendu par Mme de La Gontrie fut balayé par une majorité de sénateurs de droite dans une brève séance, avant même d'avoir été entièrement analysé : ceux-ci refusèrent d'emblée le premier article, sans autre débat. Dès lors, la sénatrice socialiste retira son projet. Toutefois, l'écart entre opposants et partisans s'était considérablement réduit à 19 voix seulement.

En revanche, à la surprise générale, le 8 avril 2021, le député Olivier Falorni réussit à faire inscrire son propre projet de loi à l'occasion d'une « niche » parlementaire[1] (une journée par mois hors calendrier). Un véritable tour de force ! Quelques jours avant cette séance, j'adressai par l'intermédiaire de l'association que je préside[2] une lettre aux 577 députés, envoyée par voie postale pour que le texte ne se perde pas dans le flot des mails que les élus doivent gérer chaque jour. Ce n'était pas un tract militant, mais une lettre très personnalisée, rappelant à l'élu qu'il s'agissait peut-être du vote le plus important de son mandat. Je lui demandais, pour une fois, de ne pas raisonner en théorie, selon la discipline de son parti, mais de façon individuelle et de répondre en conscience à la question fondamentale : « Et pour

1. Ce terme désigne la séance mensuelle, dans chaque chambre (Sénat et Assemblée), durant laquelle l'ordre du jour est fixé par les parlementaires, et non pas le gouvernement.

2. Le Choix-Citoyens pour une mort choisie : choisirmafindevie.org

vous, le moment venu, quelle solution souhaiteriez-vous ? »

J'ai suivi ce débat retransmis à la télévision et, je dois le reconnaître, j'en fus assez agréablement surpris. Malgré la pandémie, malgré la durée très limitée à quelques heures seulement de la « niche parlementaire », les députés étaient nombreux dans l'hémicycle, très nombreux même. Près des deux tiers de l'Assemblée ! Preuve que le sujet était d'importance. Plus surprenante encore fut leur réaction après l'exposé du rapporteur du projet de loi : le député Olivier Falorni eut droit à une *standing ovation* comme pour le remercier d'avoir eu le courage de mettre sur la table un sujet que tout le monde attendait sans oser l'aborder. Et Jean-Louis Touraine fut applaudi à son tour. Mais l'espoir d'un changement ne dura pas : les opposants, minoritaires, avaient déposé près de 4 000 amendements pour rendre impossible un vote démocratique dans le temps limité d'une « niche » parlementaire. Toutefois, l'article 1, article qui ouvrait la porte à « l'assistance médicalisée permettant, par une aide active, une mort rapide et sans douleur », fut voté par 248 voix pour et 40 contre. Par manque de temps, les autres articles ne furent même pas abordés et la loi, incomplète, ne passa pas. Néanmoins, j'eus l'impression que, ce jour-là, les parlementaires avaient fait un véritable pas en avant, même si le texte était imparfait sur bien des points.

Mais nous étions en France où rien ne se décide sans l'autorisation de l'exécutif. Les jours suivants, le Premier ministre, Jean Castex, reçut une lettre signée par 296 députés lui demandant d'ouvrir une nouvelle plage parlementaire, exceptionnelle, afin de poursuivre le débat et de finaliser la loi. Mais la réponse fut claire et sans appel : « Ce n'est pas le moment. » Depuis quarante ans, pour les dirigeants de ce pays, ce n'est jamais le moment... Dommage, pour une fois que le Parlement prenait une autonomie législative indépendante du pouvoir central.

Alors, que faire pour que nos dirigeants entendent la demande pressante de 90 % de la population ?

Des pétitions ? Ce fut la voie choisie par Nathalie Debernardi, qui avait perdu son mari d'une maladie neurodégénérative, et Marie Godard, écrivaine, amie d'Anne Bert[1]. Leur texte réclamant une loi permettant de choisir sa fin de vie fut proposé en 2017 par l'intermédiaire de Change.org et atteignit en novembre 2020 les 500 000 signatures, chiffre fatidique pour être reçu par le Conseil économique, social et environnemental (CESE). Avant même d'avoir obtenu ce score, les deux promotrices furent entendues par ledit Conseil qui reconnut la validité de leur démarche et la nécessité de changer la loi, mais sans aller plus loin. De toute façon, jusqu'à présent, cette troisième chambre de la République n'a jamais brillé par son influence sur les décisions gouvernementales. À tel point que beaucoup ont demandé sa suppression ou son incorporation au Sénat.

Peut-on alors saisir le Conseil constitutionnel ?

1. Nathalie Debernardi et Marie Godard furent à l'origine de l'association Le Choix-Citoyens pour une mort choisie.

Imiter l'Italie, l'Allemagne et l'Autriche dont les conseils ont décrété liberticides les lois existantes, car empêchant les citoyens de choisir librement leur fin de vie ? Malheureusement, dans la France de la Ve République, on ne saisit pas le Conseil constitutionnel aussi facilement que chez nos voisins : il faut un procès en cours, l'accord du tribunal pour transmettre le dossier à la Cour de cassation qui la transmettra au Conseil constitutionnel. Trois étapes au lieu d'une. Un véritable parcours du combattant !

Le changement viendra-t-il de la tête de l'État, du jour où un président de la République estimera qu'il est temps de répondre à la demande de la majorité de la société, et qu'il souhaitera inscrire ainsi son nom dans l'Histoire ? Et il l'inscrira, à coup sûr. Ce jour-là, le Parlement obéira à ses ordres et le votera sans problème. En France, les grandes mutations sociétales n'ont-elles pas été réalisées à la suite d'initiatives présidentielles : abolition de la peine de mort, interruption volontaire de grossesse, mariage pour tous... ?

Cette attitude attentiste des dirigeants de ce pays me laisse perplexe. Comment comprendre leur frilosité ? Pour une fois qu'ils ont l'opportunité de se rendre populaires. Eux qui cherchent à recueillir le maximum d'avis favorables, pourquoi ne répondent-ils pas à la demande de 90 % de la population qui réclame le droit à bénéficier d'une Aide active à mourir ? Coût financier pour la nation ? Nul. Coût financier pour la Sécurité sociale ? Nul. Très fort gain de popularité. Quelle loi peut mieux faire ? Bien sûr, elle provoquera quelques manifestations des éternels groupes qui n'ont pas encore compris que nous vivons dans une République laïque où tout un chacun devrait avoir la liberté de choisir sa fin de vie. Ils sont connus pour leur opposition à tout ce qui n'émane pas d'eux. On les a déjà vus manifester contre le divorce, la contraception, le droit à l'IVG, le mariage pour tous, la PMA, etc. Ils sont là, on le sait, ils sont bruyants et bien organisés, mais électoralement minoritaires. Il n'en reste pas moins que le lobby religieux est encore assez puissant dans notre société laïque pour empêcher les dirigeants de décider.

Pour tenter de mieux comprendre la position du premier président à avoir fait du problème de la fin de vie un objectif essentiel de son quinquennat, je me suis mis en tête de rencontrer François Hollande. Dans la lettre que je lui ai adressée, je lui ai décrit mon parcours et j'ai justifié ma demande. À ma grande surprise, son secrétariat m'appela pour me donner un rendez-vous. Ainsi, le 22 juin 2021, je me rendis à sa permanence, rue de Rivoli.

Mon hôte me reçut chaleureusement, à l'heure précise, et pour la première fois de ma vie je me suis retrouvé face à un ancien président de la République. En tête à tête. D'homme à homme. L'échange fut cordial et franc.

Ma première question concerna les raisons profondes de ses motivations pour vouloir légiférer sur la fin de vie.

Il m'expliqua : « Ma mère avait quatre-vingts ans, elle était atteinte d'un cancer. Je l'ai vue vivre des jours difficiles, pour ne pas dire terribles, à la fin de son existence. Je l'ai accompagnée pendant cette douloureuse période. Les soins palliatifs qu'elle recevait à domicile étaient convenables, mais ce fut long, très long. Elle n'a jamais demandé à mourir. Elle souffrait beaucoup malgré la morphine. Mon père était médecin. Il n'a pas voulu accélérer ou provoquer sa mort. Et même, comment aurait-il fait ? C'était donc un sujet qui me touchait personnellement, comme il touche beaucoup de familles. »

L'ancien président ajouta qu'il avait aussi été interpellé par le livre d'Anne Bert[1], cette écrivaine partie mourir en Belgique. Il a pris l'initiative de faire projeter à l'Élysée le film sur le Suicide assisté réalisé par Stéphane Brizé, *Quelques heures de printemps*.

« Ce qui ne va pas aujourd'hui, c'est qu'on laisse des gens se supprimer en Suisse ou mourir en Belgique. On pourrait l'interdire, mettre en cause les personnes qui les accompagnent. On ne le fait pas, on est donc en pleine hypocrisie... Il n'en reste pas moins que le sujet n'est pas simple. J'étais politiquement convaincu qu'il fallait aller plus loin que la loi Leonetti. C'est pour cette raison que j'ai demandé au professeur Sicard de me faire le rapport que vous connaissez. »

Je saisis l'occasion pour lui demander pourquoi avoir choisi pour modifier la loi deux personnes – le professeur Sicard et le député Leonetti – connues pour leur opposition à une Aide médicale à mourir ?

« Vous oubliez Claeys, se défend-il. Et avec le professeur Sicard je pensais qu'on allait avancer. Il ne s'était pas beaucoup prononcé sur le sujet auparavant. »

1. *Le Tout Dernier Été*, *op. cit.*

Étrange affirmation quand on connaît les positions officielles du Pr Sicard depuis plus de vingt ans. Il ajoute pour justifier sa démarche :

« J'ai aussi sollicité le Comité national d'éthique. Malheureusement, j'ai vu rapidement la résistance des médecins. Quand je les interrogeais, ils me répondaient toujours : "Avec les soins palliatifs, on arrive à répondre aux demandes."

– Or vous savez que c'est faux.

– Les soins palliatifs font un travail formidable mais, en effet, ils ne peuvent pas tout résoudre. Il faut changer la loi. On a d'un côté les familles qui réclament son évolution, d'un autre des politiques extrêmement prudents qui s'interrogent en permanence pour savoir si c'est vraiment leur rôle de légiférer, et enfin les médecins qui y sont opposés.

– Avez-vous lu le document publié par la Haute autorité de santé sur l'application de la loi Claeys-Leonetti, loi que vous avez suscitée ?

– Non, me répond-il honnêtement.

Je lui détaille les indications restrictives de la loi, évoque la question de la déshydratation et les modalités ambiguës de la prescription des sédatifs.

Il se fait pensif, puis :

« On est toujours dans l'idée qu'il faut aller jusqu'au bout de la vie. Que toute heure gagnée serait une heure heureuse. On sait que ce n'est pas vrai. Dans mon esprit, la sédation profonde et continue devait avoir de larges indications et être obtenue rapidement, par tous les moyens. Si le législateur faisait correctement son travail, il devrait évaluer systématiquement les lois qu'il promulgue. Le but principal d'une loi est d'être appliquée dans son esprit.

– Trouvez-vous également normal qu'il faille attendre de subir des souffrances inapaisables pour être autorisé à partir ?

– Il faut bien des critères. Il est légitime d'apprécier le niveau de souffrance pour ne pas répondre à toute demande. La question est : Qui doit définir le degré de souffrance ? Est-ce le patient lui-même, ou un collège de médecins ? Pour moi, il faut les deux.

– Alors faut-il vraiment trois médecins comme le propose le projet de loi du député Olivier Falorni ? Rien que sur le plan pratique, trouver trois médecins dans certaines régions peut constituer un obstacle rédhibitoire à l'application de la future loi.

– Il faut commencer par proposer une nouvelle loi, c'est fondamental. Ensuite, il faudra faire des amendements.

Pour terminer notre échange, je lui demande :

« Et vous, monsieur le Président, quand ce sera votre heure, accepterez-vous le protocole actuellement en vigueur proposé par la Haute autorité de santé ou irez-vous en Suisse comme l'ex-secrétaire d'État Paulette Blanchard ? »

François Hollande sourit avec malice :

« Vous imaginez que je puisse, moi, ancien président de la République française, aller mourir en Suisse ? Cela ferait vraiment mauvais effet... (Puis plus sérieux :) Mon désir serait, bien sûr, de m'endormir rapidement avec autant de morphine que nécessaire... (Enfin, reprenant le sourire que l'on connaît :) J'avoue que, maintenant que vous m'avez initié, je crois que je vais y réfléchir. »

*

L'ombre religieuse, toutes obédiences confondues, continue de planer derrière le refus de reconnaître le droit des citoyens à choisir leur fin de vie.

Parmi les émissions auxquelles j'ai été convié, l'une m'a particulièrement marqué : « Les enfants d'Abraham » sur Direct 8 (désormais CNews) ; elle avait déjà de l'ancienneté et une certaine audience. Elle partait d'une idée louable : amener des représentants des différentes religions monothéistes à dialoguer sur un thème de société en présence d'un expert du sujet. Outre le journaliste, les trois permanents étaient un prêtre catholique, Alain de La Morandais, un rabbin, Haïm Korsia, et un écrivain musulman connu pour son ouverture d'esprit, Malek Chebel – je connaissais l'écrivain pour l'avoir croisé plusieurs fois dans des salons littéraires.

Pour débattre sur la fin de vie, je fus ce jour-là l'invité de l'émission. L'analyse comparative des trois religions monothéistes fut sans surprise. Je réussis la prouesse facile de les mettre tous d'accord contre moi, de créer entre eux une brève union sacrée que des siècles d'Histoire n'avaient pas réussi à obtenir. J'en éprouvai presque une fierté intérieure. Car les trois religions monothéistes défendirent « la vie coûte que coûte », et récusèrent absolument l'idée d'aider à mourir médicalement un malade atteint d'une affection grave. Abréger l'agonie était pour eux une atteinte au dessein de Dieu. Un dessein auquel l'homme devait se soumettre. La vie était une valeur absolue, et nul n'avait le droit d'y attenter. Je me permis de leur faire remarquer que je respectais parfaitement leur position, mais j'ajoutai : « Je regrette que, par le passé, votre dogme du respect absolu de la vie n'ait pas été plus souvent respecté par vos trois religions, ne serait-ce qu'entre vous. Et encore aujourd'hui. » Les représentants des trois religions me tombèrent dessus à bras raccourcis. Le journaliste resta muet, gêné, ne sachant plus comment équilibrer l'échange. Manifestement, il avait rarement vu une telle unanimité contre son invité. Jamais je ne me suis senti aussi à l'aise dans un débat télévisé, et pourtant ils étaient trois contre moi.

J'ai gardé une attitude volontairement très calme, un langage très pondéré. Je me suis même abstenu de leur rappeler la longue liste des entorses au principe du respect de la vie qui émaillent l'histoire des religions. Pas un mot sur les croisades des uns et les djihads des autres, sur les guerres entre soi pour imposer sa vérité... J'aurais pu évoquer le journal télévisé rempli chaque jour d'exactions perpétrées au nom de Dieu, au nom de religions qui, toutes, se présentent comme des modèles d'amour et de tolérance. Face à ces défenseurs de la vie coûte que coûte, j'aurais pu... mais ils étaient si convaincus d'être du bon côté et moi du mauvais que c'eût été peine perdue.

L'opposition des instances religieuses à tout changement de loi sur la fin de vie se réfère à un respect de la nature comme preuve de la création divine, et au refus de contrecarrer le destin humain placé entre les mains d'un dieu tout-puissant. Béatifier la nature au point de s'y soumettre en toutes circonstances relève d'une étrange incohérence.

Je me suis toujours demandé d'où venait cette divination de la nature. Car si je m'émerveille de la beauté des roses, de l'harmonie du plumage des oiseaux ou si je reste bouche bée devant la beauté d'un coucher de soleil incendiant le ciel, j'ai passé l'essentiel de ma vie de médecin à lutter contre les méfaits de la nature sur le corps humain. C'est le rôle du médecin, c'est sa raison d'être. L'essence même de la médecine n'est-elle pas de lutter en permanence contre ses effets négatifs en combattant les maladies infectieuses, en luttant contre les maladies dégénératives, en s'opposant au développement du cancer, en traitant les conséquences de la dégénérescence cardio-vasculaire... ? Pourquoi, lorsque les patients approchent de la fin de leur vie, le médecin devrait-il laisser faire une nature qu'il a combattue jusque-là ? Ne retenir qu'une facette du phénomène naturel revient à nier l'origine même de la médecine.

Mais est-on encore dans le raisonnement médical ? Cette attitude n'est-elle pas guidée par la soumission à une croyance religieuse, à une idéologie dogmatique qui entend défendre la vie du corps « coûte que coûte », afin de respecter un projet divin ?

J'ai choisi ce métier pour soulager la souffrance des êtres humains, en aucun cas pour l'aggraver. Ce devrait être la charte numéro 1 de ceux qui s'engagent dans ce métier : d'abord ne pas nuire. Or, je ne sais par quel raisonnement masochiste certaines religions se soumettent aux diktats de la souffrance, soit par fatalisme – « C'est la volonté de Dieu » –, soit par esprit de repentance, la souffrance permettant d'effacer les fautes passées, soit même par sublimation de la souffrance comme moyen d'élévation de l'être humain, jusqu'au martyre.

On ne peut empêcher l'homme d'échafauder des théories qui le rassurent et tentent de donner un sens au mystère. Mais, dans le cadre d'une République laïque, il n'y a aucune raison qu'une religion – quelle qu'elle soit – impose aux autres sa vision de l'humanité. L'intime doit rester l'intime, le privé doit rester le privé, et la diversité d'opinions doit également être respectée. Si les adorateurs de Dieu ou de la nature souhaitent mourir au rythme de celle-ci, que leur souhait soit exaucé, mais qu'ils respectent le désir des autres de choisir un autre chemin. Les représentants de l'autorité des religions monothéistes ont trop tendance à l'oublier. Dans un article paru en 2019 dans le quotidien *La Croix*, il est écrit : « Les signataires des trois religions monothéistes abrahamiques affirment donc être totalement en accord quant à leur approche des situations de fin de vie... », ce qui se traduit par l'affirmation que « l'euthanasie et le Suicide assisté par un médecin sont intrinsèquement et donc moralement et religieusement inacceptables et devraient être interdits sans aucune exception[1] ».

1. « Fin de vie, les religions monothéistes encouragent le développement des soins palliatifs "partout et pour tous" », *La Croix*, 14 novembre 2019.

En France, aujourd'hui, le combat pour obtenir le droit de choisir sa fin de vie est freiné par l'entrisme des religions, et de la religion catholique en particulier, au niveau des instances médicales, juridiques et politiques. Et notamment les interventions répétées de la hiérarchie catholique, du pape aux évêques, qui ne manquent jamais une occasion de s'immiscer dans le débat, rappelant leur opposition absolue à l'Aide médicale à mourir[1]. Tous les pays qui ont légiféré en faveur d'un choix personnel pour la fin de vie se sont heurtés aux instances religieuses. En 2020, le pape François condamna une fois de plus le Suicide assisté, et demanda à ses fidèles de « repousser la tentation favorisée par des changements législatifs d'utiliser la médecine pour satisfaire une possible volonté de mort du malade[2] ». Heureusement les temps changent, et son appel est resté vain en Espagne et au Portugal (qui ont récemment, en 2020 et 2021, légiféré en faveur de l'euthanasie malgré l'obstruction de l'Église), mais, dans ces pays, sous une forte influence de l'Église catholique, toutes les instances officielles médicales et juridiques montèrent au créneau pour faire obstacle aux nouvelles lois.

Même si, aujourd'hui, les discours sur la valeur rédemptrice de la douleur passent de plus en plus difficilement même chez les croyants[3], il persiste dans la

1. Église catholique de France, *Lettre Samaritanus bonus sur les soins aux personnes en phases critiques et terminales de vie*, éditée par la conférence des Évêques de France, 30 avril 2018.

2. *Le Figaro* avec l'AFP, 20 septembre 2019.

3. Sondage Ifop pour *Le Pèlerin*, 4 octobre 2016 : 59 % des catholiques se déclaraient favorables à l'euthanasie.

religion catholique une profonde ambiguïté sur ce sujet. Ainsi, il a fallu attendre la Seconde Guerre mondiale pour que la valeur salvatrice de la douleur s'estompe dans les prêches religieux. Compte tenu de l'overdose de souffrances que les hommes venaient de supporter après deux guerres en moins de cinquante ans, le pape Pie XII, en 1957, consentit aux médecins l'utilisation de narcotiques pour soulager les malades en fin de vie (!) et aux femmes le droit de suivre les méthodes d'accouchement sans douleur. Une technique médicale jusque-là très mal vue. Ce fut une révolution dans la pensée chrétienne. Toutefois, la valeur rédemptrice de la souffrance reste profondément ancrée dans la religion chrétienne.

En ce qui concerne la fin de vie, les vieux réflexes réapparaissent, et pour défendre ses conceptions, l'Église catholique joue la carte de l'entrisme au sein des institutions républicaines afin de freiner toute loi qui autoriserait l'Aide médicale à mourir.

L'entrisme est une vieille tactique des courants religieux. J'ai pu juger de son efficacité en mai 68. Dès le début des événements, j'eus la surprise de voir un certain nombre de mes collègues étudiants en médecine, pas spécialement connus pour leurs idées progressistes, s'imposer dans les commissions « révolutionnaires » comme rapporteurs ou animateurs, ou se faire élire à la tête des comités d'action. Je les connaissais bien pour fréquenter avec eux les conférences de préparation à l'internat organisées par la Conférence Laënnec, une association considérée comme le moteur de l'élitisme médical, animée par des jésuites. Les femmes n'y étaient pas admises, leur destinée étant, selon les « bons » pères, de trouver rapidement un mari, donc d'abandonner leurs études. Ma compagne de l'époque fut purement et simplement interdite d'inscription. Alors, comment expliquer la métamorphose de ces futurs agrégés qui passaient subitement de la culture de l'élitisme à la foi révolutionnaire ? J'appris que la direction des jésuites avait rassemblé ses plus fidèles éléments, leur avait donné l'ordre de pénétrer le mouvement à tous les niveaux et de venir régulièrement au rapport. Le soir, ces délégués renseignaient les ecclésiastiques sur l'avancée du mouvement et discutaient des orientations à prendre. L'urgence n'était pas de s'opposer aux désirs de changement, mais de contrôler le mouvement pour l'orienter vers des objectifs plus acceptables : modifier sans changer.

À peine les événements terminés, les leaders d'un mois se moulèrent à nouveau dans le système où l'adhésion idéologique reste le meilleur passeport pour être reçu à l'agrégation de médecine, la seule agrégation en France fonctionnant sans épreuve anonyme, sur un simple système de cooptation qui permet d'obtenir ce titre de « professeur » si convoité tant il ouvre les portes de la renommée, du respect absolu et, pourquoi pas, de la fortune.

L'entrisme astucieusement utilisé par les jésuites en 1968 n'avait rien d'original. Il fut largement employé lors de la création des comités d'éthique dans les hôpitaux ou lors l'organisation des soins palliatifs.

Les liens étroits entre la Société française d'accompagnement et de soins palliatifs (SFAP) et l'Église catholique ne sont un mystère pour personne. L'idéologie de la SFAP est un copié-collé de celle défendue par les évêques et le pape qui ont encore rappelé récemment leur position sur la fin de vie et leur soutien inconditionnel aux soins palliatifs dans leur conception actuelle dans la lettre *Samaritus bonus* déjà référencée. Nombre de ténors de cette société, de Marie de Hennezel[1] à Claire Fourcade[2], l'actuelle présidente de la SFAP, ne cachent pas leur appartenance au christianisme et, pour certains, à l'Église catholique. Ces dirigeants sont, du reste, largement interviewés dans la presse religieuse française (*La Croix*, *La Vie*, *Christus*, *Études*...) et vaticane. La vice-présidente de la SFAP, Marie-Domique Trébuchet, est, elle, directrice de l'Institut supérieur des sciences religieuses depuis 2017, institut rattaché à la faculté catholique de Paris.

Nombre d'associations soutenues par la SFAP sont d'obédience chrétienne et/ou partagent la même idéologie, qu'il s'agisse de l'association Jalmalv, ou d'Alliance Vita aux positions très proches des catholiques intégristes, opposants à la PMA et présents à la manifestation contre le mariage pour tous. La SFAP forme ses bénévoles dans son idéologie et, en échange, elle en fait ses ambassadeurs.

Qu'un grand nombre de médecins de soins palliatifs adhèrent aux principes de la religion catholique n'a rien de choquant si, étant payés par l'État, ils restaient

1. *L'Appel*, n° 401.

2. *Docteur Fourcade : l'euthanasie est une transgression et doit le rester*, bioéthique, Église catholique à Paris, 8 novembre 2012.

neutres et ouverts aux autres exigences de la société en matière de soins palliatifs, et dans le cadre de la profession de façon plus générale. Mais, dans la situation actuelle, il y a confusion des genres, confusion des idées. La Société des soins palliatifs avance masquée : elle se présente comme une structure neutre, tout en étant inféodée à une idéologie religieuse. Quand on met son enfant dans une école catholique, on sait qu'il s'agit d'une école sous influence religieuse. L'étiquette est claire. En matière de soins palliatifs, il n'en est rien. Le patient imagine profiter d'une structure de soins semblable à l'hôpital public. En réalité, il entre dans une structure organisée autour d'une spiritualité bien précise où domine l'idée de la défense la vie du corps coûte que coûte.

L'influence de la pensée chrétienne ne se limite pas aux dirigeants de la Société d'accompagnement et de soins palliatifs. La plupart des personnalités qui ont eu en charge la question de la fin de vie, de Jean Leonetti à Didier Sicard, en passant par Emmanuel Hirsch et nombre de députés opposants à toute évolution de la loi, ne font pas mystère de leur appartenance religieuse.

De son côté, la SFAP reconnaît, dans son rapport annuel, « faire du lobbying auprès des députés » pour défendre sa philosophie, et, dans ce but, entre 2017 et 2020 elle a fait appel à une société privée[1].

Et même les hommes politiques qui ne font pas officiellement partie de cette mouvance religieuse, en subissent

1. Site de la Haute autorité pour la transparence de la vie publique.

l'influence. J'ai été surpris de découvrir dans le livre d'Emmanuel Hirsch[1] que le lieu choisi par François Hollande le 17 juillet 2012 pour le lancement officiel de la concertation nationale sur la fin de vie fut le service de soins palliatifs de la clinique Notre-Dame-du-Lac à Rueil-Malmaison, tenue par des religieuses. Qu'un président, socialiste, choisisse un tel lieu pour annoncer une réforme de santé publique est plus qu'un symbole, plus qu'un aveu, une reconnaissance involontaire des liens effectifs entre soins palliatifs, hommes politiques et références religieuses.

Quant à Bernard Cazeneuve, ancien Premier ministre de François Hollande, il reconnut, lors de notre échange du mois d'octobre 2021 : « Je suis agnostique, mais en vieillissant, je me sens de plus en plus proche des humanistes catholiques... Je comprends que pour ceux qui croient en Dieu, qui considèrent le caractère sacré de la vie, l'idée de l'aide médicale à mourir soit difficilement acceptable. » Point de vue que l'on peut parfaitement entendre, mais dans notre pays si la position religieuse doit être respectée, elle ne doit pas s'imposer à ceux qui ne croient pas en Dieu, surtout quand ils sont devenus majoritaires[2]. C'est l'une des bases de notre République, la séparation des Églises et de l'État.

En tout cas, force est de reconnaître qu'en matière de fin de vie l'entrisme de l'Église catholique est un véritable succès.

---

1. *Mort par sédation*, Éres, 2016.

2. « Une majorité de français affirme ne pas croire en Dieu », *Le Monde*, sondage Ifop, 24 septembre 2021.

Sans prendre conscience du rôle joué par le lobby religieux, on ne peut comprendre l'absence d'évolution de la société en matière de fin de vie.

Dans les pays les plus catholiques, chaque fois que la société décida de changer la loi sur la fin de vie, elle se heurta à l'opposition de la hiérarchie religieuse. Les exemples les plus récents concernent le Portugal, l'Espagne et la Colombie. Même après le vote de la loi par ces parlements, les autorités religieuses catholiques continuent à peser de tout leur poids sur les institutions médicales, politiques et juridiques pour contrecarrer son application. Là, il ne s'agit même plus d'entrisme, mais d'un conflit ouvert, d'un combat d'arrière-garde.

Sur cette question de la fin de vie, apparaît un hiatus de plus en plus marqué entre les hautes autorités ecclésiastiques et les fidèles, comme entre les autorités médicales (Conseil de l'Ordre, SFAP...) et le souhait de nombreux médecins[1], ou encore entre les élus et la demande des citoyens[2]. Les enquêtes d'opinion révèlent que 60 à 70 % environ des catholiques pratiquants sont pour l'Aide médicale à mourir et/ou le Suicide assisté[3]. Des théologiens commencent également à prendre des positions qui vont à l'encontre de celles du Vatican.

Ainsi, au Canada, le père Jean Desclos, professeur en théologie, doyen de faculté, devenu prêtre dans

1. « Éthique médicale en France », Medscape 30 juin 2020.
2. « Le Regard des Français sur la fin de vie », sondage Ifop. 7 avril 2021.
3. Enquête Ipsos, *La Croix*, 2017.

le diocèse de Sherbrooke au Québec, soutient l'aide médicale à mourir dans un livre paru récemment[1]. Il explique à la journaliste de Radio Canada Isabelle Graig comment son vécu l'a amené à changer d'opinion sur la fin de vie et pourquoi il tient à apporter une façon de penser autre au sein de l'Église. « Il faut faire place à la compassion. La compassion, c'est le regard aimant par rapport à la personne souffrante. »

De même, le prêtre Gabriel Ringlet, âgé de 73 ans, professeur émérite à l'université catholique de Louvin, est également de ceux-là. Il s'est investi depuis de nombreuses années dans les soins palliatifs et estime que « la pratique belge est absolument excellente. Il ne faut pas oublier, dit-il, que nous avons voté trois objectifs en même temps : la dépénalisation partielle de l'euthanasie, le respect du choix du patient et le développement des soins palliatifs. Les trois sont complémentaires[2] ».

Il reconnaît la place de l'aide active à mourir dans la fin de vie : « Si je suis malade, agressé par des souffrances intolérables, explique-t-il lors de l'une de ses conférences, le suicide assisté peut être considéré comme un acte de légitime défense[3]. » Dans l'un de ses livres[4], il estime à juste titre que, si l'on parle de transgression, la différence entre sédation profonde et continue et euthanasie est minime, seulement liée à la durée de l'agonie : longue dans un cas, brève dans l'autre.

1. Jean Desclos. *L'Aide médicale à bien mourir*, Éditions Médiaspaul, 2021.

2. YouTube ADMD France, 23 novembre 2021.

3. Conférence, Jura pastoral, Centre l'Avenir, 15 novembre 2020.

4. *Vous me coucherez nu sur la terre nue. L'accompagnement spirituel jusqu'à l'euthanasie*, Albin Michel Poche, 2018.

Il confirme, comme moi, que la sédation profonde et continue n'a rien de naturel. Dans cet ouvrage, ce prêtre propose même d'introduire la spiritualité dans ces deux démarches – sédation profonde et continue, et euthanasie –, sous la forme d'une célébration destinée autant au malade qu'à la famille et aux soignants qui l'assistent. On est loin de la position papale et de la conférence des Évêques français. À ce jour, le prêtre Gabriel Ringlet n'a pas été relevé de ses fonctions et continue à donner des conférences un peu partout.

Comme quoi, tout espoir est permis...

Deuxième partie

Pour une nouvelle éthique

Une loi de liberté pour rendre la fin de vie plus humaine est inéluctable. Une simple question de temps ! Mais quel degré de liberté le texte voté offrira-t-il ? On a vu par le passé combien les restrictions subtiles apportées à un projet de loi pouvaient freiner son application.

Voter une loi est une chose, la faire appliquer en est une autre. Plus la loi est claire, plus elle a de chances d'être effective. Dans la loi Claeys-Leonetti, seul le titre était simple et prometteur : « Sédation profonde et continue jusqu'au décès ». Mais, comme je l'ai démontré plus haut, les indications furent si restrictives et la méthodologie d'application si contestable qu'elle n'atteignit pas son but.

De plus, l'Histoire nous rappelle que la liberté est un combat permanent et qu'une loi n'est qu'une porte ouverte. J'ai cru longtemps que la loi sur l'interruption volontaire de grossesse était un acquis définitif, aujourd'hui on se rend compte de par le monde que les obstacles à son application restent encore nombreux, que les opposants n'ont pas désarmé, que tout retour en arrière est possible. Certains pays, comme la Pologne, en font aujourd'hui l'amère expérience. Cette tendance existe aussi aux États-Unis ; elle s'est clairement manifestée sous la présidence de Donald Trump.

Il ne suffira donc pas qu'une loi autorisant l'Aide médicale à mourir soit votée pour que les malades en bénéficient. La Belgique a vingt ans d'avance sur nous et continue à explorer, à réfléchir, à s'interroger pour savoir comment résoudre les situations multiples qu'engendrent les maladies graves. L'application d'un texte dépend aussi du changement des mentalités à tous les niveaux – médical, juridique, administratif, gouvernemental.

Les soignants y joueront un rôle important, quelles que soient les modalités légales de l'aide active à mourir. Même les associations suisses qui se passent de leur présence lors du suicide assisté ont besoin de leur aide pour l'évaluation de la demande du malade et la prescription des médicaments. À leur tour, les médecins ont besoin des pharmaciens pour disposer des médicaments nécessaires au traitement de l'agonie. La distribution dans les officines est elle-même tributaire des entreprises pharmaceutiques...

Le droit du citoyen de pouvoir choisir sa fin de vie repose donc sur une nouvelle conception de l'éthique qui engage non seulement les médecins, mais surtout l'ensemble de la société.

1

Défense de la vie ou lutte contre la souffrance ? Quelle priorité ?

On ne peut traiter de la fin de vie sans aborder la question fondamentale : faut-il privilégier la défense de la vie quel qu'en soit le prix ou rendre prioritaire la lutte contre la souffrance ?

Qui peut s'opposer au principe de la défense de la vie ?

Pour certains, ce dogme est la base même de notre civilisation. L'écrivain Michel Houellebecq, connu pour ses prises de position proches des thèses extrémistes, écrivait dans *Le Figaro*[1] : « Une civilisation que légalise l'euthanasie perd tout droit au respect. »

Mais défendre la vie coûte que coûte est-ce un principe aussi absolu que certains l'imaginent ? Un dogme aussi immuable, aussi intangible que ses défenseurs le prétendent ?

Lors des conférences que j'ai données ici et là, j'ai souvent posé à la salle le problème suivant : « Imaginez deux

1. « Une civilisation qui légalise l'euthanasie perd tout droit au respect », *Le Figaro*, 5 mai 2021.

chariots descendant à fond de train une pente au bout de laquelle se trouve un ravin. Dans l'un des chariots se trouve un homme et dans l'autre quatre hommes. Vous avez la possibilité d'arrêter l'un des deux chariots et de sauver des vies. Quel chariot choisissez-vous ? » L'assistance répond unanimement, sans aucune hésitation : « Le chariot où se trouvent les quatre hommes. » « Parfait ! » Je reprends : « Maintenant, imaginez que l'individu qui est seul dans son chariot est votre ami, et que dans l'autre se trouvent quatre crapules. Lequel choisissez-vous ? » S'ensuit un brouhaha. Le public se trouve soudain déstabilisé devant la fragilité de ses propres convictions et découvre que la notion du respect absolu de la vie se trouve soudainement mise à mal par cette simple expérience psychologique. J'ai souvent eu recours à ce test que m'a fait découvrir un médecin belge. Lui-même commence chaque année ses cours aux étudiants sur la fin de vie par ce petit exercice, pour leur prouver que nous nous abritons derrière des absolus, en réalité bien relatifs.

Pour le médecin, défendre la vie est une évidence, mais l'étudiant en médecine découvre très tôt, dès ses premiers contacts avec la profession, la complexité et la fragilité de ce combat.

Je me souviens de ces gardes d'externe à l'hôpital La Salpêtrière quand nous étions payés pour surveiller seuls, toute la nuit, l'opéré grave du jour, ventilé artificiellement par l'un des premiers appareils installés dans le service de chirurgie. La réanimation chirurgicale n'avait pas encore acquis ses lettres de noblesse.

Nous démarrions notre formation, et le service nous laissait la responsabilité de la vie d'un patient pendant douze heures de suite. Douze heures, c'est terriblement long en de telles circonstances ! C'était il y a quelques dizaines d'années, ce n'est pas si lointain.

En réalité, tout médecin un peu honnête sait combien il suffit d'un retard de raisonnement, d'un geste mal assuré, d'une hésitation dans le choix d'un traitement, d'une connaissance en plus ou en moins, pour que tout bascule.

En réanimation, la crainte de l'erreur est omniprésente. Le devoir du médecin est théoriquement de se tenir au courant des derniers progrès médicaux pour en faire profiter ses malades. Mais, aujourd'hui, est-il si simple de se tenir en permanence au courant des dernières découvertes ? La société évalue mal l'importance de ce risque, le côté aléatoire de l'exercice d'une médecine qui n'a rien d'une science exacte. C'est une science en mutation permanente. Plus elle progresse, plus la vie dépend des moyens médicaux disponibles à l'endroit précis où exerce le praticien. L'opinion publique exige des résultats mais ignore combien ce métier est l'art de gérer l'incertitude.

En médecine, rien n'est pire que le dogme : il engendre en général l'absurde. Devant une personne plongée dans un coma neurologique grave, les défenseurs de la vie à tout prix évoqueront, pour justifier la poursuite d'une réanimation illusoire, l'histoire d'un miraculé qui s'est réveillé après des mois d'inconscience, sans préciser qu'après six mois de coma, on le sait, il n'y a plus d'espoir de revenir à la conscience, sans reconnaître non plus que cette attitude systématique peut être catastrophique pour tous ceux qui ne seront pas miraculés. La haute technologie sauve mais, entre des mains absolutistes, elle peut créer des situations de souffrance extrême. Combien de prématurés ou de nouveau-nés ont été réanimés au-delà du raisonnable, créant des handicapés psychomoteurs à vie ? Combien de personnes âgées ont été maintenues en vie au-delà du raisonnable, livrant les survivants aux handicaps et à la souffrance pour leurs derniers mois d'existence ? L'acharnement thérapeutique reste encore trop souvent d'actualité.

Pour avoir longtemps axé ses résultats sur la seule durée de vie, la recherche médicale s'est parfois égarée, affirmant l'intérêt de traitements contraignants et onéreux, juste parce qu'ils prolongeaient quantitativement la vie. Sans préciser le prix à payer. Sans tenir compte, dans les essais thérapeutiques, d'un paramètre essentiel : la qualité de la vie.

En tant que médecin, j'ai consacré quarante ans de mon existence à la défense de la vie, cherchant à offrir aux malades qui venaient me consulter à la fois la guérison et un retour aux plaisirs de l'existence. C'était mon métier, j'ai essayé de l'exercer le plus professionnellement possible, avec la plus grande humanité. J'y ai sacrifié mes nuits, inquiet vers 3 heures du matin de la numération globulaire de M. Dupont hospitalisé la veille pour une hémorragie, ou de Mme Martin qui souffrait d'un cancer. Je sollicitais les équipes de nuit, pour calmer mes inquiétudes à propos d'un entrant fragile. Incapable de me rendormir, je consacrais ce temps d'éveil pour écrire jusqu'à 5 heures du matin. Puis, après une heure de repos, je me levais et me préparais avant de prendre la route pour me rendre sur mon lieu de travail.

La vie, la vie de qualité, je l'ai même défendue au-delà des limites traditionnelles de ce métier. Estimant qu'un médecin ne devait pas se contenter de traiter les pathologies, j'ai essayé de remonter aux sources du mal, je suis allé rôder du côté des oubliés de la vie.

Ainsi, pendant vingt-cinq ans, j'ai collaboré avec des hôpitaux africains, leur apportant non pas des soins, mais du matériel et de la formation, l'objectif étant d'aider les médecins locaux à exercer leur métier sur place, et de leur éviter la tentation d'émigrer chez nous. J'ai transmis mon expérience à ces médecins. En échange, ils m'ont fait découvrir une évidence : la vie n'a pas la même valeur à quelques milliers de kilomètres de distance. Il suffit de prendre l'avion, de se rendre dans quelques-unes de ces structures sanitaires pour juger combien la notion de « respect intangible de la vie » dépend étroitement du lieu géographique de sa naissance et de la couleur de sa peau. C'est une banalité de le dire, c'est un choc de le découvrir.

Lors de mon premier séjour à Madagascar en 1997, invité par l'un de mes malades malgaches, j'ai visité le CHU d'Antananarivo. En compagnie du directeur, j'ai découvert l'inimaginable : aucune ambulance, pas de fluide aux urgences (aspiration, oxygène...), une radio se limitant à un seul poste fixe pour les poumons, pas de table mobile, des semblants de salle d'opération, des murs décrépits, des plafonds qui se décollaient, des malades allongés sur des lits rouillés ou à même le sol, une pharmacie artisanale, alimentée par des dons de médicaments empilés sur une table, que des religieuses triaient... sans oublier un groupe électrogène qui datait de l'indépendance, de 1968, et tombait en panne régulièrement, souvent en même temps que la centrale électrique de la ville, obligeant à interrompre les interventions chirurgicales quand elles pouvaient avoir lieu. Ce centre hospitalier n'était pas un dispensaire de brousse mais l'hôpital le plus important de l'océan Indien, avec ses 750 lits de chirurgie et une maternité réalisant 9 000 accouchements par an.

La petite association interhospitalière que nous avons créée a permis de remettre en état les urgences, d'équiper la radio de postes mobiles, de changer les tables d'opération, de livrer plusieurs centaines de lits récupérés dans nos hôpitaux, de créer une bibliothèque, d'y livrer des ordinateurs, de créer un centre d'endoscopie qui fonctionna avec notre aide pendant plus de quinze ans. Nous avons formé des médecins et des infirmières. Nous avons aussi fait des erreurs : rien ne sert d'apporter un échographe, si l'on n'a pas amélioré auparavant le circuit électrique du service de radio. Les variations brutales de tension peuvent entraîner la destruction du matériel en quelques semaines. J'ai appris que l'efficacité d'une coopération interhospitalière exigeait que l'on commence par la formation des techniciens, avant même celle des médecins. Des personnels capables d'installer les appareils, de les entretenir, de réparer une panne, d'en localiser la cause, de préciser la pièce défectueuse qu'il faudra leur envoyer. Il faut aussi revenir périodiquement pour juger du bon fonctionnement des appareils. C'est à ce prix, et à ce prix seulement, que le matériel restera sur place, sera correctement utilisé, et surtout que les médecins locaux ne se décourageront pas.

Au Cameroun, en 2012, la situation était moins catastrophique, mais à peine. L'hôpital de Kribi, qui doit répondre aux besoins d'une population de 100 000 habitants, ressemble à un gros dispensaire. Dans les hôpitaux de Douala et de Bafoussam, nous avons entièrement équipé six blocs opératoires : des scialytiques aux tables d'opération, en passant par les portes automatiques et les lavabos. Rien que du matériel en bon état, récupéré à partir des blocs opératoires des hôpitaux d'Évry et de Corbeil, fermés dans le cadre d'un gigantesque gâchis administratif.

Avec des moyens modestes, nous avons pu sauver des vies et apporter aux médecins locaux un peu d'espoir. Car le pire drame des pays africains est la démission de ses élites et la fuite de ses cerveaux vers l'étranger. Pour réparer nos graves erreurs de planification médicale commises en Europe dans les années 90, nous attirons les soignants étrangers dont nous avons besoin pour faire fonctionner notre médecine moderne. Plus de 25 000 en France. Des chiffres semblables en Allemagne ou au Royaume-Uni. Des chiffres plus élevés encore au Canada et aux États-Unis.

Il y a plus de médecins camerounais, malgaches ou ivoiriens en France que dans leurs propres pays... Nous attirons chez nous 30 % des jeunes médecins algériens ou marocains. Alors, au lieu de pratiquer une médecine de sauvetage en Afrique en envoyant nos organisations non gouvernementales (ONG), il serait plus efficace d'aider ces médecins africains à retourner travailler dans leur pays au service de leur population[1]. Non pas en les abandonnant à leur sort, mais en les aidant à exercer dans de bonnes conditions, en continuant à les former, en créant de véritables coopérations interhospitalières. C'est possible, c'est efficace et ça ne coûte pas très cher. C'est une question de volonté politique !

J'ai découvert aussi qu'au Cameroun, comme à Madagascar, pour être opéré à l'hôpital public, le malade (sans assurance, ce qui est le cas de la grande majorité de la population) doit tout acheter lui-même : médicaments, perfusion, pansements. Et donc pas d'argent, pas de soins.

Il ne faudrait pas croire que, sur place, les gens soient dupes de ces inégalités et qu'ils les vivent avec résignation. Là-bas aussi, ils savent que le respect de la vie est un absolu bien théorique. Je reste marqué par la réponse d'une femme malgache, médecin anesthésiste, venue effectuer un stage dans notre hôpital, à Évry. Comme je lui demandais à la fin de son séjour ce qu'elle avait retenu de son passage dans les hôpitaux français, elle me répondit très calmement, sans agressivité, avec un sourire désarmant : « Vous réanimez vos vieux et vous laissez mourir nos gosses. » Terrible constat ! Même s'il peut être jugé en partie caricatural, son propos n'a cessé de me hanter.

---

1. J'ai évoqué la situation des médecins africains dans mon roman *Noirs en blanc* (Dialogues, 2012).

La répartition des vaccinations contre le Covid-19 entre pays riches et pays pauvres confirme une fois de plus l'évidence : la vie n'a pas la même valeur ici et là.

*

Mais il n'est pas nécessaire d'aller à l'autre bout de la planète pour se rendre compte que chez nous aussi le respect de la vie est une valeur à géométrie variable.

J'ai pu le constater lors de mon enquête sur les maisons de retraite et les hôpitaux de long séjour. Pendant trois ans, au milieu des années 90, j'ai visité des dizaines et des dizaines d'établissements pour personnes âgées. J'y ai découvert la déchéance, la maladie mal soignée, l'isolement, la dépression, les escarres, et finalement la mort à petit feu. Un pourrissement lent, violent... mais dans le respect légal de la vie. Tout cela, parfois, pour le simple profit, ailleurs par négligence. Il n'y a pas si longtemps, Paris était entouré d'une couronne d'hôpitaux-mouroirs où les aînés disparaissaient dans une indifférence quasi générale. La durée de vie dans ces établissements était en moyenne de deux ans.

Je ne me serais jamais intéressé au sort des personnes âgées si je ne m'étais pas un jour questionné sur l'avenir des malades dont je m'occupais.

Nombre de personnes âgées, démunies, isolées – des femmes en majorité –, hospitalisées pour une chute ou une affection bénigne, étaient jugées inaptes à un retour à leur domicile, et se voyaient dirigées vers des établissements spécialisés privés ou publics dans une banlieue loin de leur domicile.

Il m'a fallu des années avant que je me pose moi-même la question : quelles sont leurs conditions de vie là-bas ?

Un jour, j'ai décidé d'aller voir. J'ai commencé par rendre visite à d'anciennes malades que nous avions adressées à l'un ou l'autre de ces établissements de la région de l'Essonne, hôpitaux de long séjour ou maisons de retraite privées. Ce fut un choc : des anciens rassemblés devant un poste de télévision, abrutis par les médicaments, mis au lit de 19 heures à 7 heures. Partout, une impression de tristesse et d'abandon. Un personnel soignant limité à quelques infirmières libérales dans les établissements privés, en sous-effectif manifeste dans les établissements publics. Plus j'avançais dans ma recherche, plus je découvrais l'insupportable : dans certaines maisons de retraite, des personnes âgées dans des chambres fermées à clé, des chambres parfois sous les toits, mal isolées, donc soumises aux variations de températures parfois extrêmes. Des établissements privés hors de prix pour des prestations lamentables. Pendant trois ans, j'ai poursuivi mes visites en élargissant le cercle de mon enquête : de Paris à la Grande Couronne, de la région parisienne à la province – la Bretagne, les Cévennes, l'Alsace... J'ai passé des soirées à visiter les lieux les plus proches, mes week-ends pour les établissements de la région parisienne, mes vacances pour la province. Fallait-il être fou pour entreprendre ce voyage au bout de l'oubli !

Ces gens mouraient, certes à petit feu, certes dans l'indignité, mais de façon « naturelle. » Le dogme était sauf. Je me souviens d'une visite dans un hôpital de long séjour qui accueillait plus de 1 200 résidents. Tout en découvrant les lieux, je discutais avec le médecin-chef du service qui se plaignait du manque de personnel. En arrivant au troisième étage, l'infirmière cadre nous interrompit pour nous annoncer : « Ce matin, un pensionnaire du deuxième étage a tenté de se suicider en se jetant par la fenêtre. » La réponse fut aussi logique qu'édifiante : « Mettez-le au rez-de-chaussée. »

Le livre que j'écrivis à la suite de cette expédition, *La Vie devant nous*[1], leva, pour la première fois, un voile impudique sur le sort réservé à nos aînés. Il eut droit à plus d'une cinquantaine d'articles, fut l'occasion d'interviews à la radio et à la télévision, y compris un reportage pour l'émission « Envoyé spécial ». Je pense avoir attiré l'attention sur une situation méconnue à l'époque, avoir favorisé la fermeture d'établissements insalubres et la rénovation de bien d'autres. Personne ne me fit de procès, même quand je dénonçai les profiteurs de l'or gris et le détournement de l'argent des hôpitaux de long séjour au profit des hôpitaux aigus, en quête de finances pour l'achat de technologies modernes.

Cette situation indigne ne posait aucun problème de conscience à la société. Et quand mon essai a paru je n'ai pas vu les défenseurs du respect de la vie coûte que coûte se scandaliser de la situation et monter au créneau. Personne du Conseil de l'Ordre des médecins, personne du Comité consultatif national d'éthique, personne de la Société française d'accompagnement et de soins palliatifs. Personne ne s'offusquait de cette mort planifiée, de

1. *Op. cit.*

cette indigne déchéance de la vie, de l'abandon dans lequel étaient trop souvent laissées les personnes âgées.

Je n'ai guère vu plus de réactions venant de ces grandes institutions lorsque la canicule de 2003 emporta, en vingt jours, 15 000 personnes... Je l'ai vécu, ce mois d'août : ce fut terrible. On ne savait plus où mettre les cadavres. Une catastrophe favorisée par des erreurs politiques – la suppression d'un nombre considérable de lits dans les hôpitaux – et par l'imprévision administrative. 15 000 morts ! 15 000 vies ! Et à l'arrivée, rien ! Ni responsable ni coupable. Tout cela témoigne d'une conception pour le moins originale du respect de la vie. Là encore, où était le Comité consultatif national d'éthique ?

Ce travail sur les établissements pour personnes âgées me conforta dans l'idée que la médecine ne s'arrêtait pas à la porte de la maladie.

Au cours des vingt dernières années, la situation des établissements accueillant les personnes âgées s'est modifiée. De nombreux établissements privés ou publics se sont modernisés ou ont rénové leurs locaux. Il n'en reste pas moins que les dernières enquêtes que j'ai vues à la télévision sur l'état de certaines maisons de retraite, avec caméra cachée, prouvent qu'il y a encore beaucoup à faire, que le personnel est souvent en sous-effectif, parfois peu qualifié, que des mauvais traitements persistent, que la dignité et la liberté de nos anciens sont loin d'être respectées partout. On s'est trop habitué à tolérer pour les autres ce que l'on ne tolérerait pas pour nous-mêmes.

Il y a peu de temps, une personne de ma famille, âgée de 90 ans, à la suite d'une chute à son domicile, fut adressée après un bref séjour à l'hôpital dans un établissement onéreux situé dans le 17e arrondissement de Paris – un établissement privé faisant partie d'une chaîne de 111 établissements répartis dans toute la France. Après un mois passé dans une chambre minuscule, meublée de deux fauteuils prétendument anciens pour donner l'illusion du luxe, elle retourna à son domicile avec des escarres énormes qui mirent des mois à cicatriser. Toute l'organisation sanitaire de cet établissement, comme beaucoup d'autres, reposait sur le système libéral de soins : médecins, infirmières, kinésithérapeutes... venaient de l'extérieur et n'étaient présents que lorsqu'ils le pouvaient. Une aberration pour des patients qui ont besoin d'un suivi quotidien.

Pour la fin de vie, notre société a adopté la politique de l'autruche. Elle maintient en vie le plus longtemps possible des personnes âgées, comme si la durée de vie était une valeur absolue quelle qu'en soit la qualité, sans réfléchir aux conséquences de ces absolus, sans même demander l'avis des intéressés. Car il manque une réponse à une question essentielle pour justifier nos pratiques : « Qui souhaite terminer ses jours dans un Ehpad ? » Je doute que les volontaires soient nombreux ! Terminer sa vie dans une institution, coupés de ses habitudes, de ses plaisirs quotidiens, regroupés dans un espace réduit qui n'a rien à voir avec ce que l'on a connu, entourés d'êtres âgés, perdus, souvent désorientés et déprimés, parfois abandonnés. Même si le personnel est « dévoué », même s'il est « charmant », ce qui n'est pas garanti, il est logique de s'interroger : « Est-ce l'avenir dont je rêve pour terminer mon existence ? »

Et quel enfant conduit son parent dans un tel établissement, même de qualité, sans se demander s'il fait le bon choix ? L'interrogation se transforme souvent en culpabilité, que l'on atténue en se retranchant derrière des justifications médicales. Combien pensent au fond d'eux-mêmes : « J'espère que cela ne m'arrivera jamais » ?

La durée de vie s'allonge, certes. Mais, au-delà d'un certain seuil, n'est-il pas légitime de s'interroger : jusqu'où va-t-on ? Jusqu'où vais-je aller ? En un siècle, nous sommes passés d'une durée de vie de quarante-six ans en moyenne au début du XXe siècle, à soixante-dix-neuf ans pour les hommes et quatre-vingt-cinq pour les femmes au début du XXIe siècle. Alors, nombre d'entre nous se posent la question : « Ne puis-je me satisfaire d'une “vie accomplie” », comme le suggère le livre de François Galichet[1] ? La réponse doit être individuelle, bien sûr, mais toutes les réponses doivent être entendues...

Notre société devrait s'interroger sur l'avenir qu'elle réserve aux plus âgés. Ne serait-ce que sur les preuves statistiques d'un mal-être profond : un tiers des suicidés en France sont des personnes âgées de plus de 65 ans[2]. Sur 100 000 habitants, l'incidence est de 29,4 pour les plus de 75 à 84 ans et de 39,5 pour les plus de 85 ans[3].

1. *Qu'est-ce qu'une vie accomplie* ?, Odile Jacob, 2020.

2. L. Plancke, « Épidémiologie des conduites suicidaires des personnes âgées », *Neurologie, Psychiatrie, Gériatrie*, 2017, p. 136-143.

3. Voir : solidarite-sante. gouv

La pandémie de la Covid-19 a mis la société face à ses contradictions : l'objectif numéro 1 était de réduire le plus possible le nombre de morts – ce qui, à première vue, était tout à fait légitime. Mais, très vite, on s'est rendu compte que cet objectif concernait principalement les personnes de plus de 65 ans, c'est-à-dire les inactifs au sens économique du terme. Pour sauver la catégorie des plus âgés (65 % des lits de réanimation, 89 % des patients décédés), on n'a pas hésité à stopper complètement l'activité économique... qui concernait en grande partie les plus jeunes. Quand les services de réanimation ont été débordés, priorité a été donnée à ceux qui avaient le plus de chances de survivre – même si la société a voulu « cacher ce tri qu'elle ne voulait voir ». Certains l'ont minimisé, d'autres l'ont nié. Un de mes amis réanimateurs me l'a confirmé : « Mais des tris, nous sommes obligés d'en faire en permanence, et depuis longtemps. Quand les services de réanimation sont saturés et que le Samu nous amène des jeunes blessés d'un accident de voiture, on fait son possible pour les prendre, et la personne âgée qui occupe un lit de réanimation pour une hémorragie cérébrale, avec peu de chance de vivre, est adressée dans un service de médecine pour poursuivre les soins. » Où est l'erreur ? Bien sûr, il n'est pas question d'entrer dans une politique de sélection par l'âge. Ce serait absurde. Je dis cela pour répondre aux critiques qui ne manqueront pas de surgir après un tel aveu. Le président Macron n'a-t-il pas employé le mot « guerre » à propos de cette pandémie ? Or, en temps de guerre – c'est bien connu –, devant l'afflux des blessés, les chirurgiens sont obligés de faire un tri pour sauver les moins atteints. En médecine, comme ailleurs, à l'impossible nul n'est tenu.

Jusqu'à présent, dans notre pays, le problème de la fin de vie n'a jamais trouvé de solutions à la hauteur de l'enjeu humain qu'il constitue. Chacun repasse le problème au voisin. Les médecins s'adressent aux politiques pour leur demander de légiférer, les politiques s'abritent derrière les comités d'éthique pour reculer, les comités d'éthique écoutent les religieux, les religieux refusent qu'on légifère. Quant aux juristes, ils refusent de trancher et se retournent vers les médecins.

J'aurais pu démontrer, avec encore plus de facilité, combien la vie est une valeur relative, simplement en me référant à l'histoire de l'humanité. Une histoire remplie de crimes collectifs, de grands massacres, de vastes déportations, de guerres spectaculaires où l'on ôte la vie des autres avec une belle aisance ! Mais la démonstration eût été trop facile, et je me serais fait accuser de raisonnement spécieux... J'aurais aussi pu parler de ces immigrés qui meurent, actuellement, chaque année en Méditerranée – hommes, femmes, enfants – dans une indifférence cynique. Mais là encore, je me serais fait reprocher de dévier du sujet et de me laisser influencer par un excès de sentimentalisme. Peut-être...

Alors, finalement, quel est le prix d'une vie sur notre terre ? Combien coûte celle d'un Malgache ou d'un Camerounais par rapport à celle d'un Européen ? D'où vient le paradoxe surréaliste de nos sociétés, qui d'un côté se déchirent pour savoir si un médecin peut aider à mourir une personne âgée gravement malade qui sollicite une aide médicale pour partir, et qui d'un autre côté se désintéressent de la survie d'enfants qui décèdent d'appendicite aiguë parce que vivant sous d'autres cieux ? Ici, on dépense des milliers d'euros pour maintenir en vie une personne qui souhaiterait partir. Là-bas, il suffirait de quelques euros pour sauver un enfant. Ici, le refus de partir dignement au nom d'un cynisme idéologique ; là-bas, une impossibilité de vivre au nom d'un cynisme économique.

Ainsi la « vie » serait-elle soudainement sacrée ici, et sans grande valeur là-bas ! Si l'on veut vraiment défendre la vie coûte que coûte, alors d'accord, mais avec une exigence universelle. Sans distinction de lieu, de sexe, de couleur, de moyens financiers. Si tel devenait l'objectif commun, le monde en serait différent. Sinon notre moralité à géométrie variable se fait complice silencieuse de l'inacceptable. Avant d'atteindre cet idéal, acceptons le relatif humain.

*

La lutte contre la souffrance est l'autre exigence éthique à laquelle le médecin doit répondre.

Une exigence reconnue légalement depuis peu, seulement depuis la loi Kouchner de 2001. Il était temps. Je me souviens de cet agrégé en neurochirurgie à l'hôpital de la Pitié-Salpêtrière. J'étais alors jeune étudiant, occupant la fonction d'externe. À l'époque, le règlement nous imposait de suivre deux fois par semaine, en une petite troupe serrée, les visites du patron et de son agrégé avec le cérémonial d'une procession. En ces temps où la médecine prenait son envol, où la réanimation s'installait avec ses machines à ventilation, où la chirurgie se spécialisait, il existait encore partout des salles communes et la neurochirurgie, technique d'avant-garde, n'échappait pas à ces conditions d'inconfort malgré la gravité des affections et des gestes opératoires. Un jour, s'arrêtant devant le lit d'une de ses opérées qui portait sur la tête un bandage, le professeur agrégé lui demande de ses nouvelles. Elle lui répond d'une voix suppliante : « Je souffre terriblement, docteur. Je vous en supplie, faites quelque chose. » À la stupéfaction générale, l'agrégé lui lance dans un cynisme péremptoire, avant de se diriger vers un autre opéré : « Il faut bien vous occuper, madame. » Quand on commence ses études en médecine, on est réceptif à la parole des maîtres, surtout si leurs compétences sont reconnues. En l'occurrence, des paroles qui marquent, même si ce type de comportement relève de l'exception. Nous étions une année avant Mai 68, et les événements qui suivirent firent reculer ce genre d'arrogance cynique.

Néanmoins, jusqu'à la loi de 2001, lutter contre la souffrance n'était pas une priorité absolue chez nombre de médecins et d'infirmières. Pendant les premières années de fonctionnement du Centre hospitalier Louise-Michel à Évry, dans les années 80 et 90, mon collègue, chef du service de médecine à l'étage du dessus, connu pour ses convictions religieuses, ne prescrivait presque jamais de morphine.

S'attaquer à la souffrance humaine ne laisse pas indifférent. Nombreux sont les médecins qui préfèrent la fuir. Certains choisissent même leur spécialité pour s'en éloigner, d'autres trouvent dans la technicité un écran protecteur, d'autres enfin s'y confrontent avec hantise. « Je ne supporte pas la souffrance », me disait un jour le Dr Yves de Locht, ce médecin belge qui pratique l'Aide médicale à mourir. Cet aveu, j'aurais pu le faire. Malgré les années, je ne me suis jamais habitué à la souffrance des autres.

Aujourd'hui, la valeur rédemptrice de la douleur n'est plus reconnue, même par les croyants qui demandent, comme tout un chacun, à être soulagés. L'esprit du sacrifice masochiste est passé de mode. La soumission aveugle aux autorités médicales et religieuses n'est plus ce qu'elle était.

Quelques années après la promulgation de la loi de 2001 sur l'obligation légale faite aux médecins de soulager les patients, la France est passée du trente-sixième rang des nations dans la lutte contre la douleur au quatrième rang, preuve qu'une loi claire peut modifier radicalement le comportement des soignants. L'augmentation spectaculaire de la consommation de morphine en milieu hospitalier confirma ce progrès, incontestablement l'une des avancées majeures de ces vingt dernières années.

Le plus surprenant dans cette évolution est le changement radical du monde médical et judiciaire vis-à-vis de la morphine. Il y a encore une vingtaine d'années, ce produit, cette « drogue », avait mauvaise réputation.

Son emploi n'était pas interdit, mais tout juste. On la déconseillait dans la pratique quotidienne pour la réserver aux blessés des champs de bataille ou aux malades incurables souffrant de douleurs extrêmes. Et encore était-ce avec parcimonie, de crainte que le mourant ne devienne toxicomane ! Dans les autres situations pathologiques, le recours à la morphine était réservé à des situations rares, voire exceptionnelles. Heureusement, certains médecins étaient convaincus de longue date de son importance thérapeutique, mais ils restaient minoritaires.

Avec le temps, la morphine a fait l'objet de nombreux travaux de recherche qui ont diversifié sa présentation, permettant un meilleur effet antalgique pour des posologies moindres. On a inventé des pompes pour mieux doser le produit. On a multiplié les voies d'absorption en développant, à côté des formes injectables, les voies orale et transcutanée. La durée d'action a pu être maîtrisée, raccourcie ou prolongée. Enfin, on a attribué à la molécule de nouvelles appellations aux consonances plus pharmaceutiques[1] afin de rassurer le prescripteur. Peu à peu, la morphine est devenue un antalgique fréquentable, et le corps médical s'est converti à son usage, même s'il a mis du temps à en maîtriser les subtilités. Les équipes médicales des centres antidouleurs et les initiateurs des soins palliatifs jouèrent indiscutablement un rôle positif dans l'évolution des mentalités. La campagne contre la douleur, lancée en 2002 par le ministère de la

1. On peut citer parmi les plus utilisés le Skénan, l'Actiskénan, le Moscontin…

Santé de Bernard Kouchner, mit fin aux tergiversations. La morphine fut enfin reconnue comme un antalgique majeur, utilisable depuis l'enfance jusqu'à la fin de la vie. Il aura fallu plusieurs dizaines d'années pour qu'elle acquière ses lettres de noblesse.

Toutefois, malgré ces progrès indiscutables, la morphine ne parvient pas à soulager toutes les souffrances physiques, contrairement à ce que certains prétendent. La douleur est perverse, elle ne répond pas à des règles mathématiques. Pour une même dose de morphine, le malade sera soulagé un jour, et souffrira le lendemain. Les effets secondaires du produit sont loin d'être négligeables : rétention d'urine, troubles de la conscience, constipation opiniâtre, vomissements, encombrement bronchique... Et il n'est pas rare de devoir réduire les doses du fait de leur intensité. La thérapeutique n'est pas une science exacte, mais l'art du dosage.

D'autres produits utiles pour soulager la douleur n'ont pas connu la même évolution positive. Ainsi, le cannabidiol (CBD), substance extraite du cannabis, dont on a constaté l'efficacité dans certaines douleurs erratiques ainsi que dans les douleurs d'origine cancéreuse, subit actuellement la même diabolisation que la morphine il y a trente ans. Ce produit, employé dans de nombreux pays étrangers, a un avantage sur la morphine : il ne donne pas de nausées et ne coupe pas l'appétit[1]. Mais le diable est toujours là, et le confort du malade passe après les superstitions !

---

1. Martine Schachtel, *Cannabis sur ordonnance*, Albin Michel, 2015.

S'ajoutent souvent à la souffrance physique des souffrances plus profondes que les traitements antidépresseurs et la prise en charge psychologique ne suffisent pas à soulager. Là encore, à entendre certains spécialistes des soins palliatifs, aucune situation dépressive ne leur résisterait. Disposeraient-ils d'une nouvelle méthode de guérison infaillible qui redonnerait espoir en quelques jours ? De quoi rendre Freud jaloux !

Hélas ! Il n'y a pas d'un côté les magiciens des services de soins palliatifs, et de l'autre des thérapeutes médiocres ignorant les traitements de la douleur physique et psychique.

Se voir dépérir, se sentir de plus en plus dépendant, découvrir que son corps ne répond plus aux exigences essentielles, perdre ses sens, ses fonctions sphinctériennes, se savoir proche de la fin en appréhendant les conditions de l'agonie, découvrir dans le regard des autres le reflet de sa propre angoisse... Tout cela représente autant de souffrances que ni les antidépresseurs ni la psychothérapie ne permettent d'effacer. Affirmer qu'une fois la douleur physique disparue, les patients sont définitivement apaisés, et qu'il suffit d'un soutien psychologique pour que toute volonté de mourir disparaisse relève d'une surdité idéologique ou d'un orgueil incommensurable – ou des deux.

Aussi est-il temps de cesser le mensonge qui affirme que la médecine peut résoudre humainement toute situation douloureuse. La liberté est en danger quand une société, au nom d'une idéologie, nie l'évidence. La lutte contre la souffrance a encore bien des progrès à faire, et la première étape reste l'écoute de la demande du malade.

*

Alors, dans son éthique, c'est-à-dire dans les principes moraux qui doivent guider sa conduite, que doit privilégier le médecin, et par lui la société : la lutte pour la vie ou la lutte contre la souffrance ?

Si la lutte pour la vie est une exigence morale, celle contre la souffrance en est une autre. Le plus souvent, heureusement, ces deux objectifs vont de pair, le malade en guérissant ne souffre plus ; mais avec la gravité de l'affection et une évolution négative, ces deux objectifs peuvent devenir concurrentiels, voire antagonistes. N'y aurait-il pas un temps pour l'un, et un temps pour l'autre ?

Après quarante années de pratique hospitalière, je persiste à penser que mettre systématiquement la vie au-dessus de tout, en toutes circonstances, sans tenir compte des séquelles et des souffrances engendrées, n'est pas conforme à une véritable éthique médicale. Le médecin est là pour diminuer la souffrance, certainement pas pour en ajouter. Dans certaines circonstances, mieux vaut mourir que survivre douloureusement. Au malade de choisir. Le médecin ne devrait jamais oublier que, s'il prend trop de risques, ce seront le malade et sa famille qui en assumeront les conséquences.

Il est une certitude : le principe de la vie à tout prix aboutit à l'absurde. L'exemple de Vincent Lambert est le plus récent et le plus éloquent. Nous avons déjà évoqué l'histoire tragique de cet homme jeune tombé dans un état végétatif à la suite d'un accident et prisonnier de cet état pendant dix ans. Quand j'ai vu cette mère terrible se faire applaudir à la sortie du tribunal par les militants d'une droite religieuse intégriste pour avoir exigé le maintien de la prison artificielle de son fils, j'ai été profondément triste pour elle. Quelle est cette conception de la vie qui pousse à une telle folie ? Je cherche en vain la place de l'amour maternel dans le maintien d'une situation aussi barbare. Quel parent aimant peut se satisfaire d'une telle vie de souffrances pour son enfant ? On ne souhaiterait pas un tel sort à son pire ennemi !

Les idéologies religieuses, quand elles deviennent sectaires, engendrent la cruauté et la folie. La vie humaine ne doit-elle pas sous-entendre une vie corporelle, une vie sensorielle et un minimum de vie relationnelle ? Quand on en vient à affirmer qu'un battement de paupières, que la crispation d'une lèvre est une preuve de vie relationnelle, on n'est plus dans le raisonnable mais dans l'aveuglement absolu, voire dans la mauvaise foi ou le cynisme. En tout cas, assurément pas dans la compassion.

J'adresserai aussi des reproches aux prétendus sages qui demandèrent un délai de deux mois avant de se prononcer, pour décréter qu'après dix années d'attente il n'était pas humain de poursuivre une telle réanimation et que la demande amoureuse de l'épouse de cet homme de voir partir l'ombre de son mari était légitime.

Quant au médecin chargé d'appliquer cette aide à mourir décidée par la justice, et qui s'est désisté, il n'a pas fait, selon moi, honneur à l'éthique de la profession. Avec le drame de Vincent Lambert, on a du mal à croire que l'acharnement thérapeutique est reconnu comme une faute médicale depuis son inscription au Code de la santé publique de 1996 !

C'est aussi au nom du principe de la vie à tout prix que, pendant de nombreuses années, et encore trop souvent aujourd'hui, des médecins se sont acharnés à prescrire des traitements inutiles, à pratiquer des gestes agressifs, coûteux... sans profit pour le malade. Certes, il y avait à l'origine la peur d'être accusé de non-assistance à personne en danger selon la loi de 1954, mais il a fallu attendre le début du XXIe siècle pour que l'acharnement thérapeutique soit mis en accusation et menacé de sanction. Une révolution ! De courte durée, hélas ! Car, à peine l'acharnement thérapeutique a-t-il été jugé déraisonnable et mis légalement à la porte des soins curatifs qu'il revenait par la fenêtre. Il faudra bien reconnaître un jour que l'acharnement palliatif fait partie des acharnements thérapeutiques.

*

Bien qu'en France le législateur se place officiellement du côté des défenseurs absolus de la vie, celui-ci a dû reconnaître les failles de sa doctrine, au moins à deux reprises.

Le premier aveu concerna la condamnation de l'acharnement thérapeutique, estimant par là que vivre moins peut être préférable à mal vivre. La seconde circonstance fut le droit de refuser des traitements, même susceptibles de prolonger sa vie. En acceptant ces entorses à son dogme, le législateur reconnut *de facto* que la lutte contre la souffrance devait parfois l'emporter sur la simple durée de vie.

Plus récemment, lors de la pandémie due au Covid-19 engendrant une surcharge des services de réanimation et un nombre important de décès dans les Ehpad, le gouvernement s'est trouvé dans l'obligation de constater que sa législation sur la fin de vie ne pouvait répondre à cette situation dramatique. D'un côté, il était impossible de placer en réanimation tous les patients graves atteints du Covid 19 ; de l'autre, il était inhumain de laisser mourir d'asphyxie les personnes âgées que l'on ne pouvait hospitaliser. Le gouvernement reconnut indirectement l'Aide médicale à mourir en autorisant par décret, en mars 2020, la vente en pharmacie de ville du Rivotril intraveineux, un sédatif puissant, théoriquement contre-indiqué dans les détresses respiratoires, un équivalent du Midazolam, utilisé dans la sédation profonde et continue, et réservé au milieu hospitalier. L'objectif était de permettre aux médecins généralistes de disposer en ville d'un sédatif permettant aux personnes âgées ne pouvant aller en réanimation de pouvoir s'endormir sans subir les affres de l'asphyxie. J'ai publié un article dans *Libération*[1] pour attirer l'attention des citoyens sur cette reconnaissance silencieuse de l'Aide médicale à mourir. L'infection au Covid aura eu au moins ce point positif :

1. « Covid-19 : l'occasion de reconsidérer les choix de fin de vie », *Libération*, 8 avril 2020.

mettre le législateur face à ses responsabilités et l'obliger à sortir de ses positions dogmatiques.

*

Heureusement, depuis longtemps, la réalité clandestine en médecine est plus humaine que les positions officielles, et la lutte contre la douleur, dans l'esprit de nombreux médecins, l'emporte sur la durée de vie quand la fin s'approche. Déjà, en 2003, j'avais réalisé une enquête dont les résultats furent publiés dans la revue *Hépato-gastro-entérologie*[1]. Lors d'un congrès médical national, j'avais donné aux participants un questionnaire à remplir de façon anonyme concernant leur pratique quotidienne lors de la fin de vie de leurs patients. L'échantillon représentait cinquante-six services hospitaliers de gastro-entérologie, répartis dans toute la France. Une spécialité particulièrement confrontée à la fin de vie. J'eus l'agréable surprise de noter que 80 % des médecins interrogés prescrivaient largement la morphine et en augmentaient les doses autant que nécessaire, même au risque d'abréger la vie. Autrement dit, pour eux, la lutte contre la souffrance l'emportait déjà à l'époque sur le « respect de la vie ».

Entre « lutte pour la vie coûte que coûte » et « lutte contre la souffrance », qui doit décider en dernier recours ? Le médecin ? Le politique ? Le religieux ?

1. « Attitude des hépato-gastro-entérologues des hôpitaux généraux face au problème de la prise en charge des malades en fin de vie », *Hépato-gastro-entérologie*, décembre 2005.

Le libre choix du malade existe-t-il ?

Si l'on reste dans le cadre de la loi de 2016 autorisant la sédation profonde et continue jusqu'au décès, il est précisé que l'indication doit être le fruit d'une décision collégiale, essentiellement médicale. Personnellement, avant de décider d'une Aide médicale à mourir demandée par un malade, j'ai toujours tenu compte de l'avis de la famille et des infirmières qui, par leur proximité avec le patient, donnent un éclairage complémentaire sur le désir profond du celui qui veut partir. Faire intervenir d'autres soignants non médicaux simplifierait l'exercice de la collégialité, surtout à la campagne. On éviterait des décisions iniques comme celle du Conseil de l'Ordre qui, en octobre 2019, suspendit un médecin généraliste exerçant en Normandie pour avoir aidé ses patients à mourir à leur domicile, en utilisant du Midazolam (Hypnovel), le sédatif proposé justement par la Haute autorité de santé dans la sédation profonde et continue. Ce produit n'étant disponible qu'en milieu hospitalier, sa femme anesthésiste le lui avait fourni. Il lui fut reproché un manque de collégialité. Argument fallacieux : ils étaient deux médecins comme dans la loi belge.

À partir de quel nombre de médecins le juriste estimera-t-il qu'il n'y a eu ou non respect de la collégialité ?

Alors, ne faut-il pas raisonner autrement ?

Je me souviens qu'avant le vote de la loi sur l'interruption volontaire de grossesse, certains parlementaires exigèrent le passage obligatoire de la femme devant « x » experts, un nombre variant selon les angoisses des uns et des autres, une façon d'en réduire la portée. Jusqu'au jour où il fut décidé tout simplement que la femme serait maîtresse de sa décision, et que la consultation psychologique préalable à l'interruption volontaire de grossesse aurait seulement pour but de lui permettre de mieux évaluer sa demande.

Alors, pourquoi ne pas recourir aux mêmes règles : faire de l'avis du malade atteint d'une maladie grave et incurable la priorité – un avis écrit par lui dans ses Directives anticipées, ou confirmé par la personne de confiance s'il n'est plus en mesure de s'exprimer ? La consultation d'un médecin, ou d'un psychiatre, servira à l'aider dans son choix. Laissons au citoyen la décision du juste moment. C'est sa dernière liberté.

Un choix libre, indépendant du bon vouloir d'un inconnu prêt à décider pour lui. L'objectif majeur de cette liberté conquise est de réduire la peur de la souffrance et de l'agonie. Cela peut suffire à modifier radicalement la qualité de la vie restante.

*

Je n'oublierai jamais l'histoire de cet homme que je ne connaissais pas et qui m'appela un jour en se présentant de la façon suivante : « Je suis médecin, j'ai 68 ans. On vient de me découvrir un cancer du pancréas. Je suis paniqué, je veux absolument vous rencontrer. Je voudrais que vous m'aidiez. » On s'est retrouvés dans un endroit tranquille, au fond d'un bistrot, du côté de Jussieu. L'homme, mince, distingué, le regard vif, n'avait pas l'allure d'un condamné à mort. Pour l'instant, la pieuvre n'avait pas étendu ses tentacules, et les symptômes étaient encore faciles à contrôler. Dans ses propos, seule l'angoisse dominait. Ce n'était pas la peur de mourir, mais la hantise de souffrir, de sentir la tumeur réputée vorace le torturer lentement.

Je l'interrogeai plus précisément pour comprendre l'exactitude de sa demande. Ce médecin généraliste, exerçant depuis près de quarante ans, était marié, père de deux enfants adultes. Il avait suivi plusieurs de ses patients atteints du même mal. « Je sais comment ça se termine, je ne veux pas souffrir comme une bête. J'ai entendu parler de vous, je voudrais que vous soyez à mes côtés jusqu'à ma fin et que vous m'aidiez à partir quand je l'aurai décidé. » Quand on reçoit une telle demande, imprégnée d'angoisse et de confiance, on se sent tout petit devant la charge qui vous attend : on s'embarque toujours pour un voyage périlleux, avec des bourrasques, des vents contraires, une navigation à vue. Surtout pas d'idéologie, d'idées préconçues, pas de voie toute tracée. Comme j'aime à le dire : « Surtout garder l'absence de cap. »

Je l'assurai que je ferais mon possible pour l'aider à condition de se revoir régulièrement pour faire le point, ce qu'il accepta volontiers. Après quelques rencontres, je le trouvai plus détendu. Il m'avoua que l'idée de pouvoir décider du moment de sa mort l'avait complètement rassuré, il n'avait plus qu'un désir : profiter au maximum de sa vie restante, ce qu'il concrétisa par des voyages avec son épouse, un jour à Rome, un autre à Amsterdam. Sa femme me confirma son amélioration psychologique spectaculaire.

Une fois de plus, j'avais la confirmation que libérer les malades de l'angoisse du fatalisme leur permettait de gérer au mieux leur fin de vie. Si certains préfèrent s'en remettre au *mektoub*, au « Dieu seul le sait », au « nul ne sait ni le jour ni l'heure », au destin, pourquoi pas ? Mais pourquoi obliger les autres à rester dans cet aveuglement angoissant ? N'est-il pas possible d'avancer dans la connaissance de soi-même quand la fin de la vie approche ? L'homme qui s'attache à découvrir les secrets de la nature, les mystères de la science, pourquoi devrait-il rester dans l'ignorance de cette période qui le touche au plus près, et à laquelle il ne pourra échapper ? N'est-ce pas la destinée humaine de prendre progressivement connaissance de l'inconnu et de découvrir ce qui peut améliorer son existence ? Pourquoi l'être humain devrait-il rester incapable d'agir sur son propre destin ? Aux Pays-Bas, il existe des chercheurs qui étudient les moyens médicaux les plus doux pour aider leurs concitoyens à mourir dans les meilleures conditions. Une recherche sans tabou. De même, pendant des siècles on a estimé normal que les femmes accouchent dans la douleur parce qu'il était écrit dans un ancestral livre religieux : « Tu enfanteras dans la douleur. » Jusqu'au jour, pas si lointain, où un médecin trouvant cette fatalité absurde eut pitié de ces femmes maintenues dans l'ignorance. Il leur a offert une technique simple pour qu'elles accouchent sans douleur, ou tout au moins avec moins d'angoisses douloureuses. Le Dr Lamaze, importateur de la méthode en France, s'est mis tout le monde à dos, se faisant traiter de charlatan par le Conseil de l'Ordre des médecins[1]. Quelle audace de vouloir aller à contre-courant, de combattre les a priori, le fatalisme, et le poids d'une tradition entretenue par des préceptes religieux !

Plus le temps passa, plus le médecin malade atteint de son cancer du pancréas manifestait le désir de donner un sens à sa fin de vie. « Je veux, me dit-il, servir d'exemple pour d'autres. » Il souhaita que je l'interviewe régulièrement, que j'enregistre nos échanges ; il voulut même se faire filmer, afin de témoigner devant la caméra de son désir de vivre jusqu'au jour où il déciderait d'en finir. Son évolution ne fut pas tout à fait linéaire, même s'il ne fit jamais marche arrière. J'eus, par exemple, les plus grandes difficultés à lui faire écrire son testament de vie à la main et à le signer. Il me donna tout d'abord un texte trop ramassé, puis un texte plus explicatif mais tapé à la machine. J'attendis plusieurs semaines avant qu'il écrive lisiblement, à la main, sa dernière volonté.

Sur le plan pratique, je ne savais comment intervenir le jour où il me le demanderait. Il n'est pas simple de se procurer le Pentobarbital, un produit autrefois utilisé en anesthésie, interdit de vente en France depuis 1996, mais je ne désespérais pas de me procurer la dose nécessaire grâce à mes relations belges.

---

1. Au retour d'un voyage en Union soviétique, le Dr Fernand Lamaze introduisit en France, tout en l'améliorant, la méthode de l'accouchement sans douleur. Il fut traité de charlatan par le Conseil de l'Ordre des médecins et mis en accusation. Deux procès qu'il gagna. Le remboursement par la Sécurité sociale des séances de préparation à l'accouchement sans douleur fut voté en 1956, mais devient effectif seulement en 1959.

À voir : le film *Le Cas du docteur Laurent* avec Jean Gabin, 1957.

Pour faire de sa démarche un événement médiatique, je lui proposai la présence de deux autres médecins, le Pr Claire Fékété et le Dr Claudine Lassen, toutes deux militantes de l'Association pour le droit de mourir dans la dignité (ADMD). Il était prévu que nous expliquerions aux médias les raisons de notre action commune, peu de temps après sa mort, au cours d'une conférence de presse. Trois médecins hospitaliers, dont un chef de service et une professeure agrégée, cela pouvait avoir un retentissement national et remettre le débat sur la place publique. Ce projet l'enthousiasma.

Pour anticiper les conséquences juridiques de notre action, nous prîmes contact avec des avocats. Les risques étaient considérables : la loi pouvait nous condamner pour « empoisonnement » et « meurtre avec préméditation ». Nous avions besoin de soutien. Nous nous sommes tournés vers l'ADMD, l'association à laquelle nous appartenions tous les trois à l'époque. Elle était la plus représentative, et surtout la plus fortunée. Nous voulions savoir jusqu'où sa direction était prête à nous soutenir, à la fois par une mobilisation de ses militants, et par une participation aux frais de justice. À notre grande surprise, son président, Jean-Luc Romero, nous prévint qu'il ne tenait pas à nous apporter de soutien militant. Quant à l'argent, l'association limiterait son apport à 2 000 euros. Une broutille, quand les frais de défense pouvaient s'élever pour nous trois à plusieurs dizaines de milliers d'euros. L'homme se révéla tel que je l'avais jugé dès notre première rencontre : beau parleur devant les médias, spécialiste en relations politiques toutes tendances confondues, mais timoré pour soutenir une action de médecins capables de faire avancer réellement la cause. Certaines associations finissent par vivre pour elles-mêmes, et l'augmentation du nombre d'adhérents devient leur principal objectif. Déçu par le faible soutien de la célèbre association, je démissionnai de l'ADMD peu après.

La mort de notre ami médecin survint soudainement, sans que nous ayons eu besoin d'intervenir, ce qui mit fin à notre projet. Néanmoins, le bilan de cette aventure humaine fut loin d'être négatif. Vis-à-vis de notre médecin-malade, j'eus l'impression d'avoir honoré mon contrat. Pendant deux ans, il avait vécu sereinement. Deux années à vivre heureux, rassuré de savoir que sa mort ne serait pas aussi terrible qu'il l'avait craint. Deux ans ! Une survie surprenante pour une maladie réputée ravageuse. Quand on sait à quel point le moral influe sur l'effet des thérapeutiques, on peut estimer que grâce à nous la grande faucheuse fut obligée de battre en retraite et d'attendre. Pour une fois, elle avait cessé d'effrayer.

2

Le médecin, le malade et la maladie : une pièce en quatre actes

Pour mieux comprendre l'importance d'une nouvelle éthique, il faut analyser les rôles joués par le médecin et le malade au cours des maladies graves. Imaginons une pièce de théâtre en quatre actes avec trois acteurs : le médecin, le malade et la maladie comme troisième personnage. Personnage invisible mais omniprésent. En fonction de l'évolution de l'affection, les trois personnages jouent des rôles d'importance variable. Tantôt le médecin et la maladie s'affrontent au-devant de la scène, tantôt le médecin doit s'effacer pour redonner au malade le rôle principal face à la maladie.

L'acte I est celui du diagnostic et de l'échange. L'acte II donne au médecin son plus beau rôle avec le succès du traitement curatif et la maîtrise de l'espoir. Pendant cet acte, la maladie s'efface. Suit l'acte III où elle reprend la main et relègue le médecin à un rôle secondaire. C'est pour le malade le temps des incertitudes et de l'inconfort. Enfin, vient le dernier acte, l'acte IV, celui de la chute, avec l'agonie comme dernier combat, le malade et la maladie se retrouvent face à face. L'éthique exige que le médecin reste présent du début à la fin, sans jamais quitter la scène.

Le premier acte, celui du diagnostic, n'est pas médicalement le plus difficile, mais il est humainement délicat. S'y rencontrent les trois acteurs.

La gravité de l'affection est parfois presque évidente dès le premier examen clinique : le malade a maigri, les symptômes sont récents, l'examen révèle une masse dure, des ganglions... Les explorations viennent rapidement confirmer la crainte. Dès lors, chacun sait qu'une aventure humaine commence, que le combat sera difficile, mais que, pour l'instant, la confiance est là, rassurante, presque confortable.

Reste la scène de l'annonce de la vérité. Là, se présente la première difficulté, car du côté du malade l'attente est manifeste : l'inquiétude se lit sur son visage, s'entend dans sa voix. Son regard guette la moindre réaction de cet étranger en blouse banche qui va lui annoncer le verdict.

Parfois la situation est inverse : l'insouciance est absolue, l'ignorance totale, le malade ne semble pas saisir la gravité de la situation. L'échange n'en est guère facilité. Entre ces extrêmes, toutes les situations intermédiaires existent.

Alors, comment annoncer la mauvaise nouvelle sans connaître la personnalité exacte de celui ou celle que l'on a face à soi ? Comment atténuer la violence de la vérité ? Comment ne pas ajouter une souffrance inutile à la souffrance réelle ?

L'attitude médicale n'est pas univoque. Autrefois, la règle était de cacher la réalité derrière un mensonge : « Ne vous inquiétez pas, ce n'est pas si grave, on va contrôler la situation... » Le médecin l'affirmait, même si le malade n'était pas dupe devant l'intensité de ses symptômes, devant l'image de son visage de plus en plus amaigri dans le miroir. Le médecin maquillait le diagnostic jusqu'au bout, croyant que le malade vivrait mieux dans l'ignorance. Le dialogue étant d'emblée faussé, la méfiance s'installait, et une angoisse secrète occupait le terrain. Cette attitude n'a pas complètement disparu.

Mais la règle a changé : dire la vérité est devenu une obligation légale, inscrite dans la Charte du malade. Alors, certains soignants la livrent brutalement, comme pour s'en libérer. Attitude aussi perverse que celle du mensonge. Certains malades m'ont raconté avoir appris la gravité de leur maladie par un appel téléphonique : « J'ai reçu le résultat de votre biopsie, c'est bien un cancer. » Ou dans un couloir, entre deux portes. Il y a aussi les spécialistes de l'ultra-vérité : « J'ai une mauvaise nouvelle à vous annoncer : vous avez un cancer à un stade évolué et des métastases au foie et aux poumons. » Et pour ne pas s'avouer vaincu et se donner le rôle de sauveur, le médecin ajoute : « Mais ne vous inquiétez pas, avec mon traitement tout va s'arranger. » Un nouveau mensonge, censé redonner l'espoir, mais qui engendre l'incrédulité.

Je l'avoue, il n'est pas facile de transmettre la vérité, d'annoncer des temps difficiles, de devenir soudain le porteur de mauvaises nouvelles. Mais la façon de la révéler est essentielle pour l'avenir. D'elle dépend le degré de confiance qui va permettre de mieux combattre la maladie. Sans une profonde adhésion du malade au traitement, les chances de guérison s'amenuisent. La vérité mérite donc du temps. Elle doit se laisser découvrir au rythme des examens, des consultations, des résultats qui arrivent les uns après les autres. Tout doit être dit, mais par étapes, dans le calme d'un bureau, avec des schémas pour donner des explications.

À mes internes, parfois surpris que je ne révèle pas d'emblée le diagnostic au malade, je répondais : « À chaque moment, sa vérité. » La vérité est une bête cruelle, prête à mordre. La seule façon d'atténuer sa voracité est de la tenir en laisse et de ne la libérer qu'une fois calmée.

Vient ensuite l'acte II : le temps du combat.

Le diagnostic a été posé, partagé : on va maintenant lutter ensemble contre la maladie. Pour le médecin, c'est le rôle le plus facile, le plus gratifiant aussi, que les résultats soient très bons, satisfaisants ou même partiels : « Regardez sur le scanner, la tumeur a diminué. » Ou mieux, « Elle a disparu. » Ou bien : « Le résultat de l'opération est tout à fait satisfaisant, on a tout retiré. » Ou encore : « Les anomalies biologiques s'atténuent. Regardez ces résultats... » Et, même en cas de récidive ou d'apparition d'une complication, le médecin annonce un autre traitement mieux adapté. « On n'a pas épuisé toutes les ressources. La chimiothérapie a échoué, on va la changer. » Et dans le domaine des traitements anticancéreux, par exemple, le médecin ne manque pas de cartouches. Parfois, le recours à un confrère d'une autre spécialité ouvre de nouveaux horizons. Même transitoire, ce virage thérapeutique entretient l'espoir.

Ce chemin ascensionnel peut être long, parfois semé d'embûches et de découragements, mais le médecin continue à y croire et le malade à espérer.

Au cours de l'acte II, la maladie bat en retraite, s'efface de la scène, et laisse face à face le médecin et son malade. Les progrès scientifiques peuvent donner au soignant l'illusion d'une puissance. Si nombre de médecins se satisfont d'avoir fait reculer la traîtresse, d'autres en profitent pour affirmer leur pouvoir, en tirer des bénéfices. L'image du médecin tout-puissant, hautain et méprisant, adoptée par certains, reste trop fréquente, trop tolérée par la profession. Elle en donne une image négative et éclipse l'action de tous les autres qui soignent avec la modestie qu'impose ce métier.

Cette manifestation de pouvoir est aussi facilitée par l'attitude du malade prêt à tout accepter pour obtenir la guérison. Certes, il trouve son chirurgien peu bavard et le supplément financier réclamé tout à fait excessif. Certes, il se demande si les explorations qu'il a subies étaient toutes justifiées. Certes, il se sent un peu abandonné face aux effets secondaires de son intervention chirurgicale... Mais il va mieux, et c'est l'essentiel. Il se console en se disant qu'il a affaire à un thérapeute peu psychologue, mais à un bon technicien. Il est même prêt à lui pardonner ses exigences financières. La relation, même faussée par ces excès, est entretenue de part et d'autre tant que la maladie reste dans l'ombre.

Jusqu'au jour où survient l'acte III : celui des incertitudes et de l'échec probable. Le mal reste omniprésent et gagne du terrain. La maladie revient au-devant de la scène, revendique le premier rôle, nargue le médecin, décourage le malade. La chute vers l'inéluctable est enclenchée. Sa durée est imprévisible, il ne faut jamais la chiffrer : l'expérience montre que l'on se trompe toujours. J'ai vu des évolutions galoper, alors que l'espoir était légitime ; j'ai suivi des patients avec des tumeurs énormes, survivant au-delà de toutes statistiques. Quoi qu'il en soit, lorsque la maladie s'impose à nouveau, une nouvelle relation s'instaure entre le médecin et le malade.

Contrairement à ce que beaucoup imaginent, je ne crois pas que le praticien trouve dans cet échec inéluctable la remise en cause de son « pouvoir médical », une atteinte à son amour-propre. Je pense que, souvent, sa maladresse révèle sa peur. Peur de ne pas savoir affronter une situation à laquelle ni la faculté ni le compagnonnage hospitalier ne l'ont préparé. Peur de devoir gérer seul, avec de moins en moins d'appuis techniques, une situation où la demande du malade va devenir de plus en plus pressante. Finie, l'attente des résultats rassurants, finie, la prescription de potions qui retardaient le désespoir. Le médecin doit maintenant troquer la médecine des certitudes pour une médecine aléatoire, en apesanteur, qui ne peut plus s'appuyer sur le socle rassurant de la technique et doit dès lors laisser beaucoup d'espace à l'échange, aux mots, à la subtilité relationnelle. Une médecine fragile où l'on navigue à vue, en fonction de sa propre angoisse, de son éducation religieuse, de sa sensibilité personnelle, de sa propre expérience de la souffrance et de la mort.

Certains médecins refusent de jouer un second rôle, nient l'évidence et se battent jusqu'à l'absurde, promettant au malade un nouvel avenir que la réalité dément chaque jour.

D'autres médecins quittent plus ou moins la scène, démissionnent en prenant leurs distances. Ils espacent leurs consultations, se rendent difficiles à joindre ; et si la situation se dégrade, ils adressent leur malade à d'autres praticiens, si nécessaire aux spécialistes des soins palliatifs, sans chercher à savoir si leur patient se sentira trahi, abandonné, sans chercher à savoir dans quelles conditions il finira sa vie.

Ceux qui veulent rester fidèles au pacte qu'ils ont scellé avec leur malade ne le lâchent pas quand la situation dévisse, quand ils comprennent que la phase finale est enclenchée. Ils restent en scène. L'objectif n'est plus celui de la guérison, mais d'assurer une présence afin de limiter le plus possible les tortures du dernier combat.

Si le médecin refuse de reconnaître la réalité de cette évolution négative, il sera incapable d'entendre, le moment venu, le souhait de son patient pour la suite. Il se réfugiera derrière ses principes, ses convictions religieuses, véritable barrage à l'écoute. Bien sûr, la demande de mettre fin à une descente inéluctable n'est pas toujours nettement exprimée, mais elle est souvent assez claire, pour peu que le médecin soit à l'écoute et ne cherche pas à l'interpréter.

Côté malade, la réaction n'est pas univoque non plus. Certains, paniqués par l'issue qui approche, s'accrochent, réclament encore de la médecine curative quand celle-ci a déserté depuis longtemps. D'autres, au contraire, souhaitent avant tout ne pas souffrir, ne pas faire souffrir leurs proches par une déchéance qui n'en finit plus. Ils veulent partir le plus vite possible.

Là encore, tous les intermédiaires existent.

Au cours de cet acte III, le médecin doit accepter un changement progressif de son rôle. Son pouvoir curateur ayant disparu, il doit prendre conscience qu'il ne joue plus le rôle magique de celui qui guérit, mais le rôle de celui qui conseille, qui accompagne, qui aide à prendre les bonnes décisions. Accepter de s'effacer tout en restant présent. Écouter la demande, laisser le malade s'exprimer librement et l'aider à choisir la direction qu'il souhaite. Un pari difficile qui montre à quel point ce métier repose sur une subtilité d'échanges et de sentiments. Et si le patient le souhaite, il faut lui fournir les moyens qui lui seront nécessaires pour assumer son choix. Ne pas lui imposer sa propre vision, ni même ses convictions.

D'autant qu'avec la vulgarisation des informations médicales et le développement d'Internet, la demande s'est transformée : elle est devenue plus précise. Le malade a troqué la soumission pour une exigence légitime de contacts, d'explications. Plus la maladie s'aggrave, plus l'espoir de guérison s'amenuise, plus il est en droit de réclamer toute sa place, y compris la place décisionnelle qui lui permettra de choisir ce qui sera le mieux pour lui.

Pour le médecin, ce nouveau rôle apparaîtra plus modeste, moins gratifiant, plus difficile à exercer, mais il n'en est pas moins essentiel. Devenir un médecin sans baguette magique, un médecin aux grandes oreilles, à l'écoute.

Si le médecin accepte l'évolution de son rôle, il sera encore sur scène quand viendra le temps de l'agonie.

Au bout de cette descente, se joue l'acte IV de la tragédie humaine aboutissant à l'agonie et à la mort. Tout espoir d'amélioration est devenu illusoire. La descente arrive à son terme, la pensée s'efface de plus en plus, abandonnant au corps la priorité de l'expression. Survient la perte du contact, d'abord inconstante, épisodique, bientôt plus profonde, se limitant à des soubresauts, des regards absents, des spasmes du visage où le visiteur ne sait plus s'il s'agit de contractions spontanées *ante mortem* ou d'appels au secours.

L'agonie est maintenant évidente. La médecine magique ne fonctionne plus. Est-ce pour autant un échec ? Chacun le sait : la mort l'emporte toujours, personne n'y échappe. La mort n'est donc pas un échec, mais une fatalité, le seul point de convergence de tous les êtres vivants, quelle qu'en soit l'espèce, quelle que soit la latitude.

Dans cette phase finale de la vie, il est du devoir du médecin – je dirais, de sa nouvelle éthique – de remplir le contrat signé avec le malade. Pour moi, le choix du malade a toujours été le point de repère de mon éthique, même quand ce désir contrecarrait mon idéal. J'ai appliqué en son temps la loi dite Leonetti si tel était le souhait du malade, même quand je la combattais, même quand les infirmières jugeaient absurde la situation qu'elle engendrait. À une exception près, je n'ai jamais appliqué la règle imposée de la déshydratation, tant elle me paraissait cruelle et sans justification. Il suffisait d'augmenter les doses de sédatifs et de morphine pour obtenir l'effet escompté. Mais, chaque fois que possible, j'ai respecté le souhait du mourant. Et ce fut le cas pour mon père.

Pour les mêmes raisons, j'ai aidé médicalement à mourir les malades qui le souhaitaient, utilisant les produits dont je disposais afin de réduire au maximum la durée d'une agonie douloureuse et inutile. Ainsi j'ai appliqué illégalement ce que les Belges et d'autres avaient légalisé. Le choix, ce n'était plus à moi de le dicter, mais au malade de l'exprimer. À moi d'y répondre. Une décision facilitée par la présence d'un texte écrit (« Testament de vie », appelé également « Directives anticipées ») sur lequel lui et moi avions eu le temps d'échanger. Une décision plus difficile à prendre quand sa volonté n'avait pas été explicitée sur un papier et qu'il fallait s'appuyer sur les affirmations de la personne de confiance ou des membres de la famille, ou encore des révélations faites aux infirmières et aux aides-soignantes, surtout celles de nuit, les veilleuses de l'angoisse.

J'en suis convaincu et me place à contre-courant de l'évolution sociétale actuelle : la fin de vie ne devrait pas être une spécialité médicale, mais relever de l'éthique de tout médecin, qu'il soit généraliste ou spécialiste, libéral ou hospitalier. J'ai toujours pensé qu'il y avait, dans le transfert des malades vers des centres dits spécialisés de soins palliatifs, une démission médicale, une trahison de l'éthique. Cette forme d'abandon a quelque chose d'inhumain et relève à la fois d'une lâcheté médicale et d'une hypocrisie sociétale. Je le maintiens, je l'affirme : le rôle du médecin ne s'arrête pas quand survient l'agonie. Il est de son éthique de rendre cette étape la plus indolore, et surtout la plus brève possible. Les progrès médicamenteux le permettent et doivent être employés pour atteindre cet objectif. Faut-il qu'une société soit immature pour refuser à ceux qui le désirent le droit de réduire autant que possible la durée de cette non-vie psychique livrée à la souffrance !

Que ceux qui trouvent dans l'allongement de l'agonie une rédemption, une soumission à la volonté de leur dieu ou une tout autre raison philosophique et qui souhaitent terminer leur vie par un départ progressif, dans un dernier sacrifice, que leur souhait soit exaucé ! Mais qu'ils n'imposent pas aux autres leur vision du départ. Personnellement, je ne souhaite pas qu'un tiers laisse mon corps se déshydrater, je ne veux pas m'enfoncer lentement et pour un temps long et imprécis dans une somnolence pâteuse et incomplète, je ne veux pas qu'entre deux phases de coma artificiel je retrouve assez de conscience pour sentir ma famille souffrir inutilement. Je ne le veux pas pour moi, je ne le souhaite pas pour les autres. Et tout un chacun doit pouvoir choisir, ce qui n'est présentement pas le cas dans notre pays.

Aider à mourir, aider à franchir la plus mystérieuse des frontières est un rôle aussi essentiel que celui d'aider à naître ou à vivre. La vie et la mort sont un tout indissociable. Il n'y a pas de hiérarchie dans les soins, avec d'un côté les soins qui aideraient seulement à vivre et des soins qui aideraient à mourir. Il y a LE SOIN dans sa diversité, le soin qui lutte contre la souffrance, de la naissance à la mort. Respecter le dernier choix, la dernière liberté du malade, se mettre au service de celui qui souffre, répondre à son attente, telle est la base de cette nouvelle éthique.

Dans cette pièce en quatre actes, il ne faudrait surtout pas oublier celui qui dirige en sourdine, qui précise les rôles, crée les décors, donne les ordres. Ce metteur en scène n'est pas immédiatement visible, mais son influence est considérable. C'est lui qui, par les lois, forme les acteurs, influence leur pratique, les rémunère. Il impose les limites de leur action, leur donne ou non les moyens d'agir. Le « pouvoir politico-administratif » est ce metteur en scène, personnage essentiel, à la fois fantôme et omniprésent. Dans le domaine de la fin de vie, il gère la formation des médecins, impose des pratiques, choisit les produits autorisés, réduit ou non le temps de l'agonie, et sanctionne si on ne lui obéit pas. Ce sont les hommes du pouvoir politique qui autorisent ou pas l'emploi de certains produits produits anesthésiques, qui précisent si on peut les utiliser à l'hôpital ou en ville. C'est le pouvoir politico-administratif qui fixe le nombre de praticiens à créer chaque année, qui a théoritiquement en charge leur répartition sur le territoire, qui gère le nombre de lits d'hospitalisation. Les erreurs majeures dans le domaine de la planification des lits d'hospitalisation et l'évaluation du nombre de médecins à former ont des conséquences directes sur la qualité des soins en général et de la fin de vie en particulier.

Si la mise en scène est mal conçue, quelle que soit la valeur des soignants, ceux-ci se trouvent dans l'incapacité de jouer pleinement leur rôle. La qualité de la fin de vie ne relève pas seulement de la seule responsabilité médicale ni du seul désir du malade, mais aussi des choix de la société.

La santé publique devrait devenir un véritable enjeu politique, ce qu'elle n'est pas aujourd'hui. On a pu s'en rendre compte lors de l'épidémie du Covid-19. En 2020, malgré la preuve évidente du manque de lits d'hospitalisation, malgré les discours présidentiels annonçant la fin d'une politique suicidaire du service public, le gouvernement a poursuivi simultanément sa politique restrictive, supprimant, cette même année 2020, 3 500 lits d'hospitalisation. L'affolement sanitaire que nous avons connu en début de pandémie s'est expliqué en partie par l'insuffisnace du nombre de lits de réanimation, liée à une mauvaise programmation depuis plusieurs années comme le relève la Cour des comptes en juillet 2021[1]. Ces lits ont terriblement manqué et renforcé les restrictions sanitaires aux conséquences économiques.

---

1. « Les soins critiques. Communication à la communication des affaires sociales du sénat », Cour des comptes, juillet 2021.

La Cour des comptes a chiffré que le taux d'équipement en lits de réanimation n'était plus que de 37 pour 100 000 habitants de plus de 65 ans à la veille de la crise sanitaire, alors qu'il était de 44 pour 100 000 habitants en 2013. Si la France avait conservé son ratio nombre de lits/population de plus de 65 ans de 2013, elle aurait disposé de près de 900 lits de réanimation de plus au début de la crise.

Il n'y a pas de pièce réussie sans un metteur en scène de qualité. Les responsables politiques et de la haute administration de la santé publique ont une lourde responsabilité dans la crise actuelle de l'hôpital public, dans son incapacité à offrir à tous les citoyens une fin de vie digne.

C'est une fois de plus un malade qui a été à l'origine de mon évolution sur la fin de vie et qui m'a fait prendre conscience du rôle que je devais jouer jusqu'au bout tout en respectant sa liberté. J'ai plusieurs fois évoqué son histoire tant elle a marqué ma vie professionnelle.

J'avais un peu plus de la quarantaine, j'étais jeune chef de service, issu de la nouvelle génération des chefs de clinique universitaires, passionnés par l'évolution foudroyante de la médecine, et pour beaucoup nous étions de vrais adeptes du service public (comme nombre de mes collègues hospitaliers de ma génération, je n'ai jamais fait de consultations privées à l'hôpital alors que mon statut l'autorisait). Nous consacrions beaucoup du temps de notre vie au travail, aux soins, à l'administration, à la recherche médicale. J'étais, je crois, apprécié de mes collègues. Je venais de publier mon meilleur article médical dans une grande revue internationale. Bref, je pense qu'à l'époque je maîtrisais assez bien mon rôle pour jouer le premier et le second acte de la pièce que j'ai essayé de schématiser plus haut dans la situation des patients atteints de maladie grave. Nous portions, je crois, les bons diagnostics et proposions à nos malades les traitements les plus récents.

Pour l'acte III et l'acte IV de la pièce qui débutent quand les possibilités curatives sont devenues inefficaces, là, nous étions moins bons. Nous nous débrouillions le plus humainement possible, mais sans avoir suffisamment approfondi la recherche dans ce domaine ni suffisamment réfléchi à la qualité de la relation que nous devions partager avec le malade. De la bonne volonté, certes, mais dans la brume.

Mon confrère avait, lui aussi, la quarantaine. Il était chirurgien et nous avions collaboré pendant plusieurs années dans le même hôpital, au même étage. Une collaboration qui s'était développée dans le plaisir de l'efficacité. J'appris un jour qu'il s'était mis en arrêt de travail, mais le secret médical fut respecté et je ne sus rien de l'affection qui le frappait. Un jour, j'eus la surprise de le voir inscrit sur la liste de mes consultants de l'après-midi, comme un nouveau patient. À peine assis, sans autres explications, il alla droit au but, me montra son scanner sur lequel je découvris une image évidente de métastases multiples du foie. Incurables. Par discrétion, il avait passé l'acte I du diagnostic et l'acte II du traitement curatif, en l'occurrence une chimiothérapie, dans un autre hôpital. Il venait me voir pour l'acte III, celui de la période des traitements curatifs dépassés et l'acte IV, celui de sa fin de vie. Toute précaution de langage était inutile :

– Je sais que je suis foutu, me dit-il. Je n'ai pas envie de traîner, je veux que tu m'aides quand je l'aurai décidé.

Je cherchai à savoir pourquoi il m'avait choisi et pour quelles raisons il ne désirait pas continuer à être suivi par le médecin qui l'avait traité jusque-là.

– Parce que j'ai confiance en toi et je sais que tu feras ce que j'aurai décidé lorsque je l'aurai décidé. D'ici là, je veux que tu me suives.

Il m'était impossible de refuser, j'ai accepté sachant que le chemin serait difficile. Ce furent des rencontres d'abord espacées, puis de plus en plus fréquentes pour ajuster un antalgique, un sédatif, un somnifère. Comme souvent avec la morphine, j'obtenais un jour faste et un autre moins faste. Pas si simple : on augmente les doses, on se confronte aux effets secondaires. Pareil avec les sédatifs, une nuit bonne, une autre d'insomnie. Jamais je ne l'ai senti déprimé, ni faussement combattant ni faussement démissionnaire. En tant que médecin, il connaissait bien les symptômes, mais c'est moi qui ajustais le traitement. Nous apprîmes à vivre avec l'incertitude.

Comme prévu sa situation se dégrada.

Un jour, il me dit : « Je ne veux pas aller plus loin. Avec ma femme, on est d'accord. Je souhaite partir demain. »

Je l'ai hospitalisé dans le service et nous avons discuté en équipe de sa décision. Tout le monde était d'accord : compte tenu de sa situation désespérée, il fallait répondre à sa demande. Une infirmière m'a aidé à poser la perfusion et j'ai préparé moi-même la solution.

Les infirmières nous ont laissés seuls, et je suis resté dans sa chambre avec sa femme, chacun assis à ses côtés, chacun lui tenant une main. Je lui ai demandé s'il était toujours décidé, il m'a souri en prononçant un « oui » sans ambiguïté. J'ai mis en route le goutte-à-goutte, et mon ami chirurgien a regardé le liquide de la perfusion couler. Il a fermé les yeux et s'est endormi calmement, lentement, définitivement. Sa femme et moi sommes restés un temps infini à son chevet. Elle a pleuré, j'avais les larmes aux yeux. Elle m'a longuement remercié, me confirmant : « C'est exactement comme cela qu'il voulait que ça se passe. » Nous nous sommes quittés, les infirmières ont pris la suite. Je suis rentré chez moi retrouver ma famille avec la tristesse d'avoir perdu un ami, mais avec le sentiment du devoir accompli.

Passé la période émotionnelle, j'ai peu à peu analysé tout ce que mon patient-ami m'avait appris. Certes, il m'avait demandé de l'accompagner, mais dans la direction que lui, et lui seul, avait choisie, pas dans celle que d'autres lui avaient proposée mais qui était un chemin préétabli où il perdait sa liberté de décision. La médecine ne pouvant plus le guérir, il avait repris les rênes de sa destinée, il avait exercé sa liberté de citoyen jusqu'au bout. Et moi dans cette histoire, pourquoi m'avait-il sollicité ? Il aurait pu se dispenser de ma présence et s'organiser un Suicide assisté. Mais ce n'était pas son choix, il me voulait comme médecin à ses côtés, et je crois que le contrat que nous avons moralement signé l'a profondément rassuré.

Un contrat que nous savions tous deux établi illégalement. J'aurais pu être dénoncé par un soignant et accusé d'« empoisonnement », qui plus est « avec préméditation », et être immédiatement suspendu de mes activités médicales par le Conseil de l'Ordre, et j'en passe... L'équipe a été unanime et m'a fait confiance. Nous partagions la même éthique, celle qui veut que l'on réponde à la demande du malade devenu incurable, puisqu'il s'agit de sa dernière liberté. Avec sa mort calme, planifiée, ce malade-ami a bouleversé m'a façon d'intervenir lors du IIIe et IVe actes de la fin de vie.

Bien des années après, quand j'ai évoqué cet épisode à une journaliste de France 2[1], elle m'a fait remarquer : « Mais c'était totalement illégal. » Je lui ai répondu : « Oui, c'était totalement illégal, et totalement humain. »

1. « Envoyé spécial », France 2, 8 avril 2021.

3

Les mots contre les maux

Dans cette pièce en quatre actes, il ne faudrait pas oublier la qualité du texte. De la sincérité des dialogues dépend la qualité de la relation entre le médecin et le malade. Parler juste est un art. Et comme tout art, il repose sur une partie innée et sur une autre acquise.

Dès la découverte de ce métier, j'ai éprouvé une attirance pour cette relation hors normes, établie avec un être inconnu qui souffre et qui attend. Très vite, on sent à quel point plus la parole est vraie, plus le lien se renforce. Néanmoins, avec le temps, j'ai découvert combien l'échange était un art difficile, plus complexe que prévu.

Au milieu des années 90, j'ai vécu une expérience qui m'a profondément interpellé. Je jouais alors un rôle de conseiller auprès de mon éditeur du Seuil, Hervé Hamon, qui enquêtait avant d'écrire son livre intitulé *Nos médecins*[1]. Je l'ai mis en contact avec de nombreux praticiens et, tout naturellement, je l'ai invité à passer

1. *Nos médecins*, *op. cit.*

une semaine dans le service où j'exerçais. J'étais assez fier de l'organisation interne de notre unité : avec l'autre médecin permanent du service, nous avions atténué les différences hiérarchiques et instauré avec l'ensemble de l'équipe soignante une collaboration aussi agréable qu'efficace. Je savourais ce plaisir du travail collectif qui donne à l'équipe son efficience, et les malades appréciaient l'ambiance peu protocolaire du service. J'étais aussi attentif à transmettre aux jeunes médecins non seulement mes connaissances – pendant trente ans, je leur ai dispensé un cours quotidien pour commencer la journée – mais aussi la relation au malade. Lors des visites, je m'attachais à leur enseigner la valeur des mots. « Dans ton explication à cette dame, tu viens d'employer le mot "chronique". Te rends-tu compte de son effet dévastateur quand tu es dans un lit d'hôpital et que tu désespères déjà du mal qui t'a subitement agressé ? »

J'étais donc assez confiant de soumettre notre méthode de travail au regard critique de cet étranger.

Après une semaine passée à nos côtés, j'interrogeai l'écrivain sur ses impressions. Il reconnut qu'il régnait une ambiance chaleureuse dans l'équipe, mais il fit à mon collaborateur et à moi-même une critique acerbe de notre style de communication avec les malades : nous évoquions trop nos hésitations devant eux, nous utilisions encore trop de termes techniques, nous étions encore trop anxiogènes... Une véritable douche froide, pour nous qui pensions être à l'avant-garde du dialogue. Ce fut dur à accepter, mais terriblement utile. Après son départ, nous avons analysé une à une nos habitudes, revu l'organisation de nos visites, et changé notre façon de dialoguer avec les malades. Bref, nous avons tenté d'améliorer notre formation dans un art où nous étions autodidactes.

Depuis longtemps, je m'étais rendu compte combien il manquait un pan essentiel à l'enseignement universitaire des futurs médecins : apprendre à communiquer, connaître la valeur du « mot », savoir révéler avec humanité un diagnostic, choisir le moment pour aborder l'idée de la mort, apprendre à évoquer l'agonie. Tout cela n'est pas inné, tout cela n'est pas enseigné. On apprend en faculté toutes sortes de pathologies exceptionnelles, mais dans le domaine de la communication, de l'échange... rien. Combien de fois ai-je été heurté d'entendre chez un confrère un langage dépourvu de compassion, me disant en mon for intérieur : *Peut-être faudra-t-il qu'il rencontre un jour la maladie pour qu'il comprenne l'importance du ton de la voix et du mot choisi...*

Il est donc inconcevable qu'à l'heure où l'on reconnaît partout l'importance de la communication, ceux qui en ont le plus besoin ne reçoivent aucune formation. Dans d'autres professions, j'ai pu constater une évolution. Chaque fois que je prends le train, j'admire le sens de la communication des contrôleurs de la SNCF : polis, respectueux, apaisants, même avec des passagers agressifs. Chaque fois, je me dis : pourquoi tous ceux qui travaillent à l'hôpital ne sont-ils pas formés au dialogue ? Cela concerne non seulement les médecins mais aussi les autres soignants : infirmières et aides-soignantes, sans oublier les administratifs.

Dans les dernières années de ma carrière, lors de la petite cérémonie qui marque la fin de chaque stage, un interne m'a fait, dans son discours, l'un des plus beaux compliments professionnels que j'aie reçus : « Vous m'avez appris à parler au malade. »

Néanmoins, la situation est parfois plus complexe que les gens ne l'imaginent. Dans le dialogue, on est deux. Le fossé entre soignant et soigné n'est pas uniquement de la seule responsabilité du médecin. Nombre de fois, j'ai reçu des appels téléphoniques de membres de ma famille, ou d'amis, ou d'amis d'amis, qui me demandaient d'intervenir auprès du médecin ou du chirurgien qui soignait, à l'autre bout de la France, leur frère, leur sœur, leur parent ou eux-mêmes. Ma carte de visite m'ouvrait les portes, et je revenais souvent avec des précisions sur le diagnostic et sur l'avenir. Mais, parfois, les médecins que j'interrogeais s'étonnaient de ma démarche : « Je ne comprends pas, je leur ai tout expliqué », ou encore : « Pourquoi ne sont-ils pas venus me voir ? Dites-leur de prendre rendez-vous. Je suis disponible. » Moi-même, combien de fois ai-je constaté que mes explications détaillées n'atteignaient pas leur objectif ? Et quand je demandais à certains patients, juste après avoir donné un maximum d'explications : « Vous avez bien compris votre maladie ? », il arrivait qu'ils me répondent : « Non, pas vraiment. » Comme si la maladie se plaisait à créer entre médecin et malade un écran d'incompréhension. Avec le temps, je pense avoir réduit l'épaisseur de l'écran et j'ai pris l'habitude d'illustrer mes explications avec un schéma anatomique

que je donnais au patient ou laissais dans le dossier comme témoin de ma parole.

Si la demande de renseignements est une exigence légitime, nombre de familles de patients ne se rendent pas compte de l'importance de la sollicitation quotidienne, et de la charge émotionnelle qu'engendre ce métier. Certains après-midi, je trouvais son exercice bien lourd, quand je recevais plusieurs familles pour annoncer à chacune un malheur : à une jeune femme, le cancer du foie de son mari ; à des enfants, la cirrhose grave de leur père ; ou à une mère, l'origine de la diarrhée dont se plaignait son enfant : une saloperie de maladie ulcéreuse de l'intestin. Et pas question de laisser paraître l'angoisse qui vous submerge.

La société a aussi sa part de responsabilité dans la barrière qui s'est établie entre soignant et malade. À force de juridisme, elle a laissé s'installer la suspicion. Si parler avec clarté enrichit l'échange, ce n'est pas toujours sans risques. L'interlocuteur peut en profiter pour accuser le soignant d'un échec dont il n'est pas forcément responsable, selon une perversité plus répandue qu'on l'imagine.

Le recours systématique à la justice, quelles que soient les circonstances, est une habitude déplorable venue des États-Unis. Elle a fini par empoisonner la relation médecins/malades. J'ai vu trop de collègues hospitaliers faire l'objet de plaintes au cours de leur carrière ! Ces plaintes se terminent le plus souvent par un non-lieu, mais elles laissent toujours un goût amer. Combien de fois me suis-je moi-même posé cette question : arriverai-je à terminer ma vie professionnelle sans passer devant un tribunal ?

Je n'oublierai jamais cette réunion d'explications organisée à la demande de la directrice de l'hôpital. J'y étais invité en tant que témoin, pour assister à une confrontation entre un collègue qui s'estimait diffamé et l'épouse d'un malade décédé d'un cancer. Cette femme avait adressé au ministère de la Santé, au député, au président du Conseil de l'Ordre, et à la Direction de l'hôpital une lettre accusatrice affirmant que son mari décédé d'un cancer n'avait reçu aucun traitement antalgique pendant toute son hospitalisation. « Un vrai scandale ! » Le médecin lui prouva, documents à l'appui, que son mari avait reçu des doses importantes de morphine et l'infirmière qui l'accompagnait le confirma, précisant qu'il avait fallu parfois réduire la posologie en raison de l'apparition d'effets secondaires eux-mêmes douloureux. Une fois sa défense terminée, le médecin s'adressa à la femme : « Je ne comprends pas votre attitude. Je vous ai reçue presque tous les jours, nous avons longuement dialogué en toute confiance. Pourquoi ces lettres mensongères et infamantes ? J'imagine votre douleur, mais la douleur n'excuse pas tout, elle n'excuse pas le mensonge et la diffamation. Si vous ne vous rétractez pas, je porterai plainte devant la justice, me sentant attaqué dans mon éthique et mon honneur. » S'ensuivit un lourd silence pendant lequel tous les regards se tournèrent vers l'accusatrice, qui redressa la tête et, sans sourciller, déclara devant les témoins stupéfaits : « Ainsi donc, mon mari a reçu de la morphine... Si je comprends bien, il en a même reçu de fortes doses... N'est-ce pas pour cela qu'il est parti si vite... ? On pourrait même dire, en quelque sorte, que c'était de l'euthanasie. »

La volte-face de l'épouse du malade fut suivie d'un autre silence, plus lourd encore que le précédent. Passé le moment de stupéfaction, la directrice prit la parole : « Je crois, madame, que nous allons en rester là. Vous avez de la chance que le docteur ne porte pas plainte contre vous pour diffamation. » L'accusatrice ne fit jamais amende honorable, il n'y eut jamais de lettre d'excuses. Peu après, le médecin en question, blessé par cette attaque, demanda son départ en retraite anticipée.

Si la relation avec les familles est le plus souvent simple et complice, elle peut aussi devenir déstabilisante du fait des divisions entre les différents membres qui la composent. La fin de vie réveille de sourdes rivalités entre enfants, des blessures jamais cicatrisées. D'expérience, j'ai noté que plus un parent, un conjoint, ou un enfant a été absent pendant les périodes difficiles du mourant, plus il est ensuite revendicatif, voire agressif, comme si, n'ayant pas été à la hauteur de la situation, il transformait sa lâcheté en agressivité envers le soignant.

Le dialogue entre malade et médecin ne peut se construire que dans une confiance réciproque.

4

Plaidoyer pour une nouvelle éthique médicale

Pour peu que l'on analyse de près les textes proposés aux jeunes médecins, il apparaît évident que le serment d'Hippocrate est devenu un mythe historique : comme nous l'avons vu, les textes les plus récents ne sont qu'un pâle reflet du texte d'origine qui, à bien des égards, est obsolète, inadapté à la civilisation moderne.

Néanmoins, on peut se poser quelques questions. Qui sont les auteurs de ces nouvelles versions ? Qui peut prétendre écrire les bases de l'éthique médicale pour les futures générations ? Qui a été sélectionné pour accomplir cette tâche ?

Nul ne le sait. Probablement un petit groupe de médecins désignés par les instances du Conseil de l'Ordre. Les nouvelles versions du serment n'ont jamais été soumises à débat, à critique, pas plus qu'à l'assentiment de l'ensemble des médecins. Dans une démocratie, ce qui est rédigé par une commission ne peut être décrété comme texte officiel du jour au lendemain. En cinquante ans d'inscription obligatoire au Conseil de l'Ordre des médecins, jamais on ne m'a demandé mon avis, ne serait-ce que par un vote. Et puisque personne ne m'a demandé mon opinion, je me fais un devoir de la donner, afin d'apporter ma pierre à l'édifice.

Je reconnais que la version de 2012 du serment dit d'Hippocrate, la dernière en date, est plus riche que les précédentes puisqu'elle aborde la nécessité d'informer les patients, de protéger les plus faibles, de ne pas être guidé par l'appât du gain... Un souhait très récemment introduit, encore bien timide face à certains excès. En ce qui concerne la compassion en fin de vie, les auteurs ont ajouté des textes contradictoires. D'un côté, il est dit : « Je respecterai toutes les personnes, leur autonomie, et leur volonté sans aucune discrimination... », ainsi que : « Je ferai tout pour soulager les souffrances. Je ne prolongerai pas abusivement les agonies. » Deux réels progrès, mais bien théoriques. Le mot « abusivement » n'a pas été suivi d'effets, puisque le Conseil de l'Ordre s'affiche toujours comme un opposant farouche à l'Aide médicale à mourir. De plus, la suite du texte vient contredire cet engagement : « Je ne provoquerai jamais la mort délibérément. » Ainsi le respect de la volonté du malade devient purement formel si l'on refuse de l'entendre dès qu'il exprime un souhait personnel.

Je proposerais donc à ce serment quelques ajouts importants comme :

« Je ferai de la lutte contre la souffrance une priorité. »

« Je m'engage à respecter le souhait exprimé par le malade concernant sa fin de vie, car il s'agit de sa dernière liberté. En cas de désaccord, je ferai en sorte que d'autres prennent la relève. »

J'ajouterais :

« Je prendrai le temps de dialoguer avec la personne malade et chercherai les mots justes pour lui révéler la vérité. »

Et je compléterais volontiers la liste par deux autres engagements pour prouver au Conseil de l'Ordre des médecins qu'il est loin d'avoir le monopole de l'éthique :

« J'irai soigner là où la société a besoin de moi. »

« Je ne ferai jamais fortune sur la souffrance des autres. »

Pour justifier ce premier engagement – « J'irai soigner là où l'on a besoin de moi » –, je rappellerais que, dans les pays comme la France, la formation universitaire est gratuite, entièrement prise en charge par la société. Il paraît donc honnête que le médecin rende des comptes à celle qui lui a permis de se former. Maintenir le principe de la libre installation, comme le défend le Conseil de l'Ordre des médecins, relève plus de la défense d'un privilège que d'une démarche éthique. Cette prétendue liberté aboutit à une concentration de médecins dans certaines régions et crée ailleurs des déserts médicaux. Les militaires, les gendarmes, les enseignants, les juges et bien d'autres professions ne choisissent pas leur lieu d'exercice : ils acceptent le principe d'une affectation en fonction des besoins. La même règle pourrait s'appliquer aux médecins, en commençant par les jeunes médecins qui débutent leur carrière, ne serait-ce que pour une période limitée après leurs études.

Toutes les autres tentatives proposées pour réduire ce déséquilibre sanitaire, dramatique par endroits pour les populations, ont échoué, qu'il s'agisse des incitations financières ou des avantages d'installation. Il faut donc prendre une autre voie. Accepter de servir ses concitoyens partout où ils vivent est une valeur éthique qui en vaut bien d'autres.

Quant au second engagement – « Je ne ferai pas fortune sur la souffrance des autres » –, je reconnais qu'il est particulièrement provocant car médecine et argent constituent un mariage bien complexe.

Dans le texte le plus récent du faux serment d'Hippocrate, le Conseil de l'Ordre a ajouté récemment : « Je ne serai pas influencé par la soif du gain. » Une formule bien timorée pour ce qui devrait être un élément d'éthique essentiel de la pratique médicale. Que la société rémunère correctement cette profession difficile, lourde de responsabilités, chronophage paraît parfaitement légitime.

Mais la profession s'honorerait de ne pas accepter que certains de ses membres fassent du gain financier l'une des principales justifications à leur engagement professionnel. Il n'est pas éthique de faire payer des consultations ou des actes à un prix exorbitant, pas éthique non plus de réclamer des suppléments excessifs en plus du barème officiel, ou d'exiger des dessous-de-table, de la main à la main. Ces pratiques ternissent l'image de la profession, et l'omerta qui les entoure rend les autres complices. Que ceux qui veulent faire fortune, s'orientent vers d'autres métiers : de l'import-export, de la finance, du conseil fiscal... mais pas de la médecine. Pas avec la maladie, pas avec la santé et la souffrance de l'autre. Voilà une orientation qui pourrait également faire partie de la nouvelle éthique.

Cette nouvelle éthique médicale, basée sur trois piliers essentiels – l'obligation pour le médecin d'accompagner ses malades jusqu'à leur mort, la priorité de la lutte contre la souffrance et le respect de la liberté ultime du malade – ne peut s'épanouir que dans une société qui accepte un renouveau de son éthique, une éthique vraiment laïque.

Cependant la société est-elle prête ?

Sans faire une exégèse exhaustive des références philosophiques sur ce sujet, il apparaît clairement que la liberté de choisir sa fin de vie n'est pas une question nouvelle. Pline l'Ancien estimait que la mort était « le plus beau cadeau que Dieu ait fait à l'homme au milieu des douleurs si grandes de la vie[1] ». Sénèque et les stoïciens ont clairement posé la question de la liberté de choisir sa mort : « La vie, quand on n'a pas le courage de mourir, est un esclavage[2] » (Sénèque).

Rousseau aborde la question dans *La Nouvelle Héloïse* : « Puisque la plupart de nos maux ne font qu'augmenter sans cesse, de violentes douleurs du corps, quand elles sont incurables, peuvent autoriser l'homme à disposer de lui, car toutes ses facultés étant aliénées par la douleur, et le mal sans remède, il n'a plus l'usage ni de sa volonté ni de sa raison. Il cesse d'être homme avant de mourir,

1. *Histoire naturelle*, livre II, 5, 11.
2. Ep. 77 : 15.

et ne fait, en s'ôtant la vie, qu'achever de quitter un corps qui l'embarrasse et où son âme n'est déjà plus[1]. »

Voltaire prend la défense de ceux qui, pour éviter la souffrance, mettent fin à leurs jours : « Ni l'Ancien Testament ni le Nouveau, affirme-t-il, n'ont jamais défendu à l'homme de sortir de la vie quand il ne peut plus la supporter[2]. » Il condamne les lois de l'Église qui privent de sépulture ceux qui meurent d'une mort volontaire.

On peut en citer bien d'autres : Hume et son *Essai sur le suicide*, Nietzsche qui est contre le suicide, mais fait dire à Zarathoustra : « Meurs à temps. » Pour quitter la vie saisis « le moment opportun ». La liste est longue.

De nombreux philosophes contemporains plaident pour que l'être humain, en cas de maladie incurable, acquière enfin cette liberté de choisir sa fin de vie. Parmi eux : Marcel Conche, André Compte-Sponville, Michel Onfray ou François Galichet... Parmi tous leurs écrits, le livre de François Galichet *Qu'est-ce qu'une vie accomplie ?* pose une question fondamentale et compare la vie à une œuvre d'art. À quel moment un artiste estime-t-il son œuvre accomplie ? « La décision de mourir [...] est comme la touche finale du peintre sur sa toile, la signature qui marque son achèvement. Elle ne peut être dissociée de tous les actes qui la précèdent et auxquels elle confère sens[3]. »

De nombreux écrivains se sont également prononcés en faveur de cette liberté. Il faut dire que, par le passé, la

1. *Julie ou la Nouvelle Héloïse.* III, XXII.
2. *Commentaire du livre de Bécaria.* XIX, *Du suicide.*
3. Albin Michel, 2020, p. 124.

profession a payé cher ce droit. Dans leur grande majorité, ceux qui ont mis fin à leur jour l'on fait de façon violente, la seule autorisée par la loi : Gérard de Nerval (pendaison), Virginia Wolf (noyade), Romain Gary (revolver), Ernest Hemingway (fusil), Henri de Montherlant (cyanure et balle), Gilles Deleuze (défenestration), Bruno Bettelheim (étouffement par sac plastique)... Dans sa nouvelle *L'Endormeuse*, Guy de Maupassant fait dire à tous ceux qui partent de façon violente, s'adressant à la société : « Accordez-nous au moins une mort douce ! Aidez-nous à mourir, vous qui ne nous avez pas aidés à vivre ! Voyez, nous sommes nombreux, nous avons le droit de parler, en ces jours de liberté, d'indépendance philosophique et de suffrage populaire. Faites à ceux qui renoncent à vivre l'aumône d'une mort qui ne soit point répugnante ni effroyable. »

J'ai eu la chance de connaître Benoîte Groult, cette grande dame, cette écrivaine féministe pour laquelle j'ai une profonde admiration. Elle m'a invité chez elle, à Hyères, et je l'ai accompagnée à Munich pour une rencontre littéraire. Elle y présentait son livre *La Touche étoile*[1] dans lequel elle exprimait son désir de mettre fin à ses jours le moment venu. Ce best-seller connut un succès encore plus grand en Allemagne qu'en France. Malheureusement, elle n'eut pas vraiment l'opportunité d'appuyer sur « la touche » comme elle le souhaitait. Sa fin de vie à 96 ans avec une maladie d'Alzheimer ne fut peut-être pas aussi idéale qu'elle l'imaginait. Elle n'en

1. Grasset, 2006.

fut pas moins aidée grâce à l'intervention d'un médecin sollicité par sa fille, Blandine de Caunes[1].

Aujourd'hui nombre d'artistes manifestent ouvertement leur désir que soit enfin votée une loi respectant pour chacun ce choix ultime. Citons, entre autres : Françoise Hardy, Hugues Aufray, Nathalie Baye, Marie-Christine Barrault, Alain Delon...

La société laïque, basée sur la tolérance des diversités, progresse vers cette nouvelle éthique, sûrement, mais bien lentement. Il reste encore de nombreux pas à faire.

1. *La Mère morte*, Stock, 2020.

Conclusion

Distinguer le « je » du « ils »

Chaque fois que je parle dans un débat du choix individuel, du « je », de moi, les opposants me répondent par « ils », s'identifiant au reste de la société. Bien que la grande majorité de la société réclame une révision de la loi sur la fin de vie, eux, « ils », les opposants, estiment qu'une telle proposition mènerait à la catastrophe, juste parce qu'elle est différente de ce qu'ils proposent. Pourtant, je ne souhaite qu'une chose : que la société laisse à chacun la liberté de choisir sa fin de vie. Un choix personnel. Un choix de soi-même pour soi-même, sans que d'autres interfèrent. Ce moment ultime ne concerne que moi, et personne d'autre. Une façon d'exercer ma dernière liberté.

J'ai entendu les propos de la présidente actuelle de la Société des soins palliatifs opposant l'individualisme des partisans de l'Aide médicale à mourir, à la « solidarité » de ceux qui appliquent la philosophie actuelle des soins palliatifs. Je lui répondrais volontiers que nous n'avons pas la même conception de la solidarité : la mienne respecte la liberté du choix de l'autre et n'impose pas ses convictions. Et que, peut-être, en effet, la position que je revendique pour ma fin de vie est tout à fait égoïste, mais elle ne fait de tort à personne. La mort est une affaire strictement personnelle. Il est assez incompréhensible qu'un choix aussi personnel que celui-ci – celui de choisir sa fin de vie – soulève autant de réticences. Et pour une fois, après avoir tant prôné le collectif, après avoir tant défendu la solidarité envers les autres, je revendique pour moi-même, et pour mes semblables, le droit de décider. Que celui qui veut m'imposer sa vision des choses me laisse gérer ma fin de vie comme je l'entends... Qu'il me laisse partir en paix !

Que tous ceux qui défendent la loi Claeys-Leonetti, qui souhaitent attendre que leurs « souffrances deviennent intolérables » et que le mal qui les ronge arrive à un stade avancé pour obtenir enfin le droit à « une déshydratation de leur corps et une agonie prolongée », que ceux-là soient entendus : c'est leur droit, c'est leur liberté. S'ils pensent qu'en agissant ainsi, ils restent fidèles à leur philosophie du sacrifice et à leur foi religieuse, je n'ai pas à m'y opposer.

Mais la loi doit respecter de la même façon les souhaits de ceux qui croient à un au-delà et de ceux qui n'y croient pas. J'ai été élevé dans une famille catholique pratiquante, je n'y ai pas trouvé l'amour espéré ni la tolérance attendue. J'ai développé d'autres valeurs morales. Toute ma vie, j'ai lutté contre la souffrance de mes compagnons de passage, j'ai travaillé dans une banlieue difficile, avec les plus démunis en France et en Afrique. Je me regarde le matin dans le miroir, heureux de n'avoir pas trahi mes rêves de jeunesse. Je ne me sens ni aigri ni déçu de la vie, tout au plus inquiet pour les générations futures, pour cette jeunesse que l'on sacrifie trop pour le bénéfice des vieux. La pandémie de Covid-19 ne me démentira pas.

Mes valeurs humanistes de laïcité, de non-violence, de solidarité, de tolérance... en valent bien d'autres. Je n'ai ni Bible, ni Évangile, ni Coran, ni Torah. Pour me guider, je ne me réfère à aucun livre sacré, mais à un carnet à spirale sur lequel je collecte des parcelles de sagesse découvertes au détour de mes lectures de livres écrits par des inconnus. Vivre n'est pas simple, et chacun se débrouille comme il le peut pour calmer sa névrose.

Je ne comprends pas pourquoi mes opposants veulent me priver de mon dernier souhait, pourtant simple – comme nombre de mes citoyens : quitter ce monde, dans mon lit, entouré de ceux que j'aime, disparaître quand je l'aurai décidé, discrètement, rapidement, tout en douceur, avec quelques ampoules de Pentobarbital, juste pour ne pas souffrir, et peut-être moins faire souffrir ceux qui m'entourent. Je souhaite que mes proches gardent de moi le souvenir d'un homme heureux de vivre, et non celui d'un squelette décharné, déshydraté, se soumettant aux tortures de la nature, pour gagner un ciel auquel il ne croit pas. Je respecte le mystère de ce monde auquel personne n'a jamais pu apporter la moindre explication. Je respecte les interprétations de mes détracteurs, je demande seulement qu'ils respectent les miennes, et celles de tous ceux qui pensent comme moi.

Pourquoi le mot « liberté », premier mot de la devise fondatrice de la République, devrait-il s'effacer au dernier moment de mon existence et de ma mort ? La

« fraternité » impose que chacun respecte la dignité du voisin. Au moment du grand départ, j'aimerais bien que tous les « ils » cessent de penser pour moi, et laissent mon « je » choisir ce qui semble bon pour lui. Franchement, leur façon de finir leur vie ne me convient pas. L'être humain n'a-t-il pas assez souffert au cours de son existence, pour que notre société lui ajoute un petit supplément avant de partir ?

« Ils » affirment qu'au dernier moment mon « je » peut changer d'avis. Peut-être, mais les études sociologiques prouvent que les personnes qui inscrivent l'aide active à mourir dans leurs directives anticipées changent peu d'opinion. Je ferais aussi remarquer aux « ils » que l'inverse existe aussi.

Le 4 mars 2021, l'ancienne secrétaire d'État de Lionel Jospin, Paulette Guinchard, ardente partisane des soins palliatifs et opposée à l'Aide médicale à mourir, a décidé, le moment venu, d'aller chercher en Suisse l'aide qu'elle a longtemps combattue.

De même, j'ai appris l'évolution du Pr Sicard qui, après s'être opposé pendant tant d'années à l'Aide médicale à mourir, précise dans son interview accordée à la journaliste Béatrice Gurrey : « Quand une personne ne supporte plus sa maladie, qu'on ne peut plus rien pour elle, elle a le droit de demander un endormissement doux. Pour ma propre mort, je demanderai cet endormissement qui peut être une bénédiction[1]. » On est loin de la déshydratation et de l'agonie prolongée proposées

1. *Le Monde*, 25 janvier 2021.

par lui-même et la Haute autorité de santé, institution qu'il a si longtemps soutenue. À 83 ans, à l'approche de la mort, l'ancien président du Comité national d'éthique changerait-il d'opinion ? Rêverait-il maintenant, comme tout un chacun, d'une mort douce par endormissement ?

À l'approche de la mort, bien des absolus disparaissent, même chez les plus extrémistes. Le 10 avril 2021, Jean-Marie Le Pen, l'ancien président du Front national, parti opposé à l'Aide médicale à mourir au nom des valeurs traditionnelles chrétiennes, confiait au *Figaro* : « J'admets en partie l'euthanasie. »

De même, après avoir soutenu la loi Leonetti, puis la loi Claeys-Leonetti, Emmanuel Hirsch, professeur en éthique, reconnaît l'évidence dans l'introduction de son livre, *Mort par sédation*[1] : « Il est en effet vraisemblable que le droit de mourir dans la dignité, en bénéficiant d'une "Aide active à mourir", constituera la dernière phase d'une évolution législative dont le processus a débuté dès 1978 et dont la loi du 2 février 2016 rapproche l'échéance. »

À ceux qui se cachent encore derrière des dogmes, j'aimerais leur dire combien la vie se charge de les faire évoluer. Quand la maladie est là, destructrice, envahissante, grignotant jour après jour les derniers plaisirs de l'existence, les positions de principe se heurtent à la réalité. Et nul n'échappe aux questions qui viennent nous hanter : « Et moi, vais-je me laisser détruire à petit feu ? Vais-je accepter de ne plus être moi-même ? Quelle

1. *Op. cit.*

image vais-je laisser à mes proches ? Y a-t-il une ligne que je n'entends pas franchir ? Y a-t-il un état où vivre n'aura plus de sens, et où il serait préférable de partir ? Quelqu'un sera-t-il là pour m'assister ? »

Longtemps j'ai pensé que je quitterai cette terre avant de voir la législation évoluer positivement dans notre pays. Trop de conservatisme, trop d'idéologie et de dogmatisme religieux. Depuis vingt ans que je me bats pour cette liberté, je finissais par douter d'une issue à court terme, d'autant que, depuis plusieurs années, tous les projets de loi réclamant cette liberté et déposés officiellement au Parlement restaient lettre morte. Pour les gouvernants, le moment n'était jamais le bon : en l'absence de crise, le sujet n'était pas prioritaire (François Fillon[1]) ; en pleine pandémie, il devenait déplacé (Jean Castex). Tous les motifs d'obstruction se justifient quand on veut éluder une réalité. En juin 2021, la question de la fin de vie a même été retirée du débat parlementaire sur les lois bioéthiques.

Avec le vote très largement majoritaire de l'article 1 du projet de loi Falorni, lors de la « niche parlementaire » du 8 avril 2021, la porte s'est entrouverte... Reste à l'ouvrir complètement. Il faut espérer que cette question

1. « Euthanasie : François Fillon s'oppose à une légalisation », *Le Point*, 24 janvier 2011 ; « Légaliser l'Aide active à mourir serait une erreur, estime le premier ministre », *Le Monde*, 24 Janvier 2011 : « Plutôt que de légiférer dans la précipitation, plutôt que de trancher sans prudence et sans recul une question fondamentale, nous devons poursuivre le renforcement de la culture palliative en France, mettre en œuvre scrupuleusement le programme de développement des soins palliatifs et approfondir le débat sur la prise en charge de la fin de vie. »

sociétale qui touche tous les citoyens sans exception devienne un jour un véritable enjeu électoral. Et pourquoi pas lors d'une campagne pour la présidence de la République puisque, en France, les grands changements de société nécessitent souvent une volonté présidentielle.

Souvent ceux qui quittent leurs responsabilités politiques regrettent rétrospectivement de ne pas être allés assez loin dans leur décision. Le ministre de la santé Bernard Kouchner l'a regretté publiquement, et lors de mon entretien avec François Hollande, l'ex-président de la République a reconnu : « La France, qui a été longtemps en avance sur les problèmes de société, commence à prendre du retard. Ce fut le cas avec le mariage homosexuel. Nous l'avons voté après l'Espagne... Je le regrette car la France reste un pays de référence, capable de montrer la direction. Une nouvelle décision de la France sur la fin de vie aura indiscutablement un impact sur le reste du monde. Malheureusement je crois qu'un changement de loi avec une majorité de droite va être plus difficile à obtenir.

– Qui sait ? La loi Neuwirth sur la contraception et la loi sur l'IVG ont été votées sous des présidences de droite.

– En tout cas, c'est une évidence, il faut franchir une étape. Il y a eu la loi Leonetti, puis la loi Claeys-Leonetti, il faudra obligatoirement une nouvelle loi. Personnellement, je serais plus favorable à une loi de type belge avec intervention médicale qu'à une loi de style suisse proposant le suicide assisté. J'ai l'intention d'aborder le sujet de la fin de vie dans mon prochain livre. Je crois qu'il est important d'avancer par étapes. »

Je me permets de conclure : « À condition que les interphases ne durent pas trop longtemps car, pour les malades, il est urgent d'agir. Eux n'attendent pas. »

*

En janvier 2021, mon frère âgé de 78 ans est décédé d'une hémorragie cérébrale responsable d'une hémiplégie massive avec aphasie, associée à une double embolie pulmonaire et une pneumonie de déglutition. Son agonie a duré un mois. Un mois à geindre, à nous regarder, tragique, suppliant. Un mois de souffrances pour lui, pour nous, pour sa famille. Les dix premiers jours, il a été transféré dans quatre services différents : réanimation, puis soins intensifs, puis médecine, et enfin clinique gériatrique avec soins palliatifs. À chaque changement, il a « bénéficié » d'un scanner cérébral pour confirmer l'évidence : irrécupérable.

Compte tenu de sa situation dramatique et irréversible, le premier médecin avait mis en route une sédation profonde et continue... mais le second l'a interrompue, estimant que tous les critères exigés par le protocole de la Haute autorité de santé n'étaient pas réunis. Ma belle-sœur, mes nièces ont demandé sur une lettre commune que l'on mette un terme à son calvaire car c'était sa volonté.

Les deux derniers médecins de la clinique où il a été transféré nous ont reçus à plusieurs reprises, avec écoute et sympathie, mais visiblement apeurés à l'idée de déclencher une telle sédation. Il fallait y aller doucement, comme dans les textes, car « ici, vous savez, on ne pratique pas d'euthanasie ». Un mois d'agonie inutile, un mois d'absurdité, un mois de souffrances légales. Merci, messieurs les législateurs. J'espère qu'une telle situation vous sera épargnée, à vous et à votre famille.

Adieu mon frère, j'aurais tant voulu t'aider à quitter humainement ce monde si déconcertant.

Table

Première partie
Vers une nouvelle liberté

Deuxième partie
Pour une nouvelle éthique

Pour en savoir plus
sur les Éditions Plon
(catalogue, auteurs, vidéos, actualités...),
vous pouvez consulter
www.plon.fr
www.lisez.com

lisez!

et nous suivre sur les réseaux sociaux

Editions Plon

@EditionsPlon

@editionsplon

MIXTE
Papier issu de sources responsables
FSC® C003309

L'éditeur de cet ouvrage s'engage dans une démarche de certification FSC® qui contribue à la préservation des forêts pour les générations futures.

Pour en savoir plus :
www.editis.com/engagement-rse/

Imprimé en France par CPI
en avril 2022

pour le compte des Éditions Plon
92, avenue de France 75013 Paris

N° d'impression : 2064808
P31051/02